Collection de la Bibliothèque des Exercices
de saint Ignace

Etudes et documents
paraissant tous les deux mois

N° 59
Cinquième de 1919

Quelques Promoteurs
de la Méditation Méthodique
au Quinzième siècle

PAR

le P. Henri WATRIGANT, S. J.

RÉDACTION

Bibliothèque des Exercices
7, Rue des Augustins
ENGHIEN (Belgique)

ADMINISTRATION

Librairie P. Letbielleux
10, Rue Cassette
PARIS (6e Arr)

Collection de la Bibliothèque des Exercices

Nous donnons ici le cinquième et avant-dernier fascicule de 1919. Pour achever la série 1914-1919, formant un volume de la Collection, il reste à paraître le n° 60, c'est-à-dire la *Bibliographie des récentes publications sur les Exercices et les Retraites*, avec les tables accoutumées. Malgré tout notre bon vouloir, il ne nous a été possible de publier ce fascicule avant la fin de 1919, mais nous le servirons à nos abonnés en janvier ou février 1920. Avertis par cette note, il ne leur arrivera pas de le confondre avec les fascicules de la nouvelle série 1920-1921, que nous allons commencer sans retard.

1906

1. *S. S. Pie X et les Œuvres de retraites.* P. DEBUCHY. 20 pp. *Épuisé*
2. *La Maison de retraites de Vannes au XVII° siècle.* H. CHAURAND. 52 pp. . . . . 1 »
3. *De la formation d'une élite pour les Œuvres et pour les Paroisses dans le cénacle de la Retraite.* H. WATRIGANT. 50 pp. . . 1 »
4. *Les Confréries du T. S. Sacrement et les retraites fermées d'hommes en Belgique.* R. P. DIEUDONNÉ, O. C. 44 pp. . . . 0.80
5. *De la direction des retraites collectives (à Bologne, fin du XVII° siècle).* C. ETTORI, S. J. 111 pp. *Épuisé*
6. *Introduction à l'étude des Exercices spirituels de saint Ignace.* P. DEBUCHY. 72 pp. . . . 1.40

1907

7. *Les règles du pur Catholicisme selon saint Ignace de Loyola.* M. MESCHLER, S. J. 37 pp. . . 0.75
8. *Peut-on employer les projections lumineuses dans les retraites ?* O. LE BAIL. 38 pp. . . . 0.75
9. *La Méditation fondamentale avant saint Ignace. (Essai historique et critique).* H. WATRIGANT. 148 pp. 2.50
10. *Saint Alphonse de Liguori et les retraites fermées.* R. P. WALTER, C. SS. R. 51 pp. . . . 1 »
11. *La Retraite de Vannes.* V. HUBY (1678). 50 pp. . . . 1 »
12. *Bibliographie des récentes publications sur les Exercices spirituels et les retraites.* H. WATRIGANT. 43 pp. . . . 0.80

Les numéros marqués épuisés ne sont plus vendus qu'avec la série complète.

N° 59. **Henri WATRIGANT, S. J.**

Quelques Promoteurs
de la Méditation Méthodique
au Quinzième siècle.

PREFACE

Depuis quelques années, une question de théologie ascétique est venue préoccuper la piété de quelques directeurs spirituels : c'est celle des origines de la méditation discursive méthodique et des inconvénients de son emploi dans l'oraison mentale : la méditation amorphe, simple ou dite simplifiée, paraît à quelques-uns meilleure que celle où l'on admet la méthode : « n'est-elle pas, après tout, pensent-ils, celle des Pères de l'Eglise » ?

En attendant que nous puissions leur soumettre un travail assez développé où nous prouverons que la méditation méthodique ne date pas de saint Ignace, et qu'elle est en harmonie avec la tradition catholique la plus reculée, nous voudrions attirer leur attention sur quelques livres antérieurs à l'auteur des Exercices spirituels. Concurremment avec les formes les plus simples de la méditation ou de l'oraison, dont personne ne niera l'action bienfaisante à quelque degré, et qu'il est très loin de déprécier, sans en concéder cepen-

dant pour tous, en tout état, la suffisante efficacité, saint Ignace a proposé avec discrétion à ceux qui en étaient capables, une forme plus méthodique; mais en cela même, il n'a pas introduit une nouveauté : la méditation méthodique a toujours existé plus ou moins formulée.

Nous admettons toutefois qu'à partir du XIIe siècle, ce genre de méditation se systématise plus nettement avec Hugues de Saint Victor, l'auteur du De modo orandi *(1) et du* De meditando seu Meditandi artificio *(2). Au XIIIe siècle, sous l'influence de saint Thomas, et surtout de saint Bonaventure, les formules de méditation tendent à devenir plus précises. A la fin du XIVe et au XVIe siècle, grâce à quelques auteurs spirituels de l'école des Frères de la vie commune, plus ou moins disciples de saint Bonaventure, la méthode envahit de plus en plus l'ascétisme et l'oraison mentale : les fabricants d'échelles ascétiques et mystiques se multiplient, et l'on organise de plus en plus des séries hebdomadaires ou des semaines de méditation sur divers sujets de piété.*

Dans une étude sur la Genèse des Exercices, publiée en 1897, nous avons montré quelle avait été sous ce rapport l'influence de plusieurs Frères de la vie commune; en particulier de Radewin et de Gérard de Zutphen (3). Déjà aussi, grâce aux fascicules VIe (p.22-23) et XIe (p.44-60) de la collection, nos lecteurs ont pu se rendre compte de l'action des membres de cette congrégation religieuse des Pays-Bas. Sans nous répéter, nous croyons que dans le présent travail, leur influence apparaîtra d'une manière encore plus évidente. La reproduction de quelques documents peu connus de Louis Barbo et de Mauburnus, ainsi que la découverte des sources littéraires de

---

(1) P. L. Migne, T. 176, C. 978.

(2) Ibid., C. 994.

(3) *Etudes religieuses.* 20 mai, 20 juillet, 20 octobre 1897. Voir surtout ce dernier article.

l'Exercitatorio de Garcia de Cisneros, mettront en pleine lumière plusieurs points importants de l'histoire de la méditation méthodique, dont ils ont été les promoteurs; nous disons les promoteurs, mais non pas les inventeurs; ce dernier point ressortira des travaux plus complets que nous préparons sur cette question.

Nous nous bornerons ici à faire connaître quelques-unes de nos trouvailles sur l'action spirituelle de ces apôtres de l'oraison méthodique et des exercices spirituels, et à mettre les chercheurs sur la piste de nouvelles découvertes.

Dans la première partie nous verrons quelles ont été les relations très probables du réformateur de Sainte-Justine de Padoue, Louis Barbo, avec l'école des Frères de la vie commune, et nous rééditerons son Modus meditandi.

Dans la deuxième partie, nous ferons connaître la doctrine que dans son Meditatorium Jean Mauburnus, chanoine de Windesheim, réformateur de plusieurs abbayes, expose au sujet de la méditation méthodique.

Dans la troisième partie apparaîtront les sources de l'Exercitatorio de Garcia de Cisneros, abbé de Notre-Dame de Montserrat.

1. — LOUIS BARBO ET SON MODUS MEDITANDI

Le vénérable Louis Barbo, dont nous allons publier le *Modus meditandi*, fut le réformateur, au XV° siècle, de nombre d'Abbayes bénédictines qui, réunies, prirent le nom de Congrégation de Sainte Justine de Padoue (1). Tout récemment Sa Sainteté Benoît XV, en rétablissant officiellement l'abbaye de Sainte Justine à Padoue, nommait avec honneur dans ses Lettres apostoliques du 22 juin 1919 le vénérable Louis Barbo. « Ab Hungaris, Italiam vastantibus, combustum et sæculo X denuo exstructum, ad splendoris apicem pervenit sæculo XV, cum idem monasterium, auspice venerabili Ludovico Barbo, postea episcopo Tarvisino, incunabulum fuit magnæ reformationis Benedictinæ in Italia, ex qua originem duxit Congregatio a Sancta Iustina nuncupata. Hanc quidem Congregationem, postea Casinensem appellatam, rec. me. Predecessor Noster Eugenius Papa IV pluribus privilegiis auxit (1). »

Le vénérable Louis Barbo fut tout d'abord à Venise, prieur commendataire de l'abbaye de Saint Georges in Algâ, que certains auteurs présentent comme faisant partie de la Congrégation des chanoines de Windesheim. C'est ainsi que J. Lindeborn, l'auteur de l'*Historia sive notitia Episcopatus Daventriensis* (2) écrit, en parlant du couvent de Saint Georges in Algâ : « Cum proba Bonifacii IX, per Ludovicum Barbum commendatarium Priorem anno 1404 Fratribus collatum ». Il est certain que, grâce au zèle de cet

----

(1) *Acta Sanctæ Sedis*, oct. 1919, p. 369.
(2) Coloniæ Agrip. 1670, p. 139.

excellent prieur, à Saint Georges s'étaient réunis plusieurs saints Prêtres qui avaient adopté la règle de saint Augustin. Parmi eux figurait le futur Eugène IV, qui appela au cardinalat quelques-uns de ses confrères. Saint Laurent Justinien était chanoine de Saint Georges in Algâ : observons que sa spiritualité se ressent assez bien de la spiritualité de Windesheim.

Tomasini, l'auteur des *Annales Canonicorum secularium S. Georgii in Algâ* (3) parlant des débuts de cette association de chanoines, écrit qu'elle était formée, comme l'apprit Boniface IX, de tres nobles patriciens, et d'étrangers humbles et modestes, « edoctus esse nobiliores Reipublicæ patricios, esse præstantiores cives, et advenas qui humilitate, charitate, ceterisque probitatis dotibus omnium in se oculos animosque converterent ». Serait-il impossible que ces étrangers fussent les membres d'un essaim venu de Windesheim? On sait qu'à cette époque les relations entre Venise et les Pays-Bas étaient fréquentes.

Le zèle apostolique dont brûlait Jean de Huesden, élu prieur de Windesheim en 1400, peut fournir quelque argument en faveur de l'hypothèse de la présence à Venise de quelques religieux de Windesheim. On lit, en effet, dans la *Chronique de Windesheim*, que le zélé prieur étendait son action au loin. « Qui totum mundum salvare cupiens plurima servorum et ancillarum dei habitacula undique in patria multiplicari curavit. Nam et fratres domus sue capitulique generalis ad hoc apciores in loca diversa transmisit pro novis monasteriis ordinis nostri fundandis et consummandis antiquisque reformandis et in regulari observancia debite instruendis, patres eciam congregacionum valde sollicitavit, ut presbyteros clericos et sorores sive beginas ad hoc utiles vel ydoneos ad diversas mundi partes in civitates oppida et villas pro novis congrega-

____

(3) Utini, 1643, p. 20.

cionibus inchoandis et in communi vita more suo instituendis animo pio et volenti transmittere non tardarent (4). »

Quoi qu'il en soit, Venise deviendra le point de départ de divers
groupements de prêtres réguliers et séculiers; ce mouvement
s'étendra surtout au début du siècle suivant (5). Mais ce qui incline
à croire que déjà les chanoines de Saint Georges in Algâ, dès le
quinzième siècle avaient quelque parenté religieuse avec l'école de
Windesheim, c'est que comme eux ils s'occupaient de la réforme
des monastères. Dans son opuscule *De initiis Congregationis
S. Justine in Padua* (6), Louis Barbo lui-même écrit de Saint
Georges : « Quod monasterium de ipsis Canonicis, qui religiosis-
sime vivunt, et plura per diversas mundi partes monasteria refor-
maverant et in præsenti reformant, sub ipso Priore mirabili Dei
ordinatione extitit, sicut hodie claret, devotissime reformatum. »

Dès 1408, le Prieur de Saint Georges in Algâ avait dû se séparer
de ses confrères; le pape Grégoire XII l'avait nommé abbé du monastère bénédictin de Sainte-Justine de Padoue. Il fit d'abord sa
profession dans l'Eglise de Rimini (2). Le nouvel et fervent abbé
entreprit aussitôt vaillamment la réforme du monastère (8). Le

---

(4) Johannes Busch. *Chronicon Windeshemense.* Halle, 1886, p. 41.

(5) Cf. Tacchi-Venturi. S. J. *La vita relisiosa in Italia durante la prima
età della Compagnia di Gesù.* Roma. 1910. pp. 39-42, 422 et passim.

(6) Apud Pezium, *Thesaurus anecdotorum.* Aug. Vindel. 1722, T. II,
3. Pars, p. 273. Cet opuscule a été édité en 1908 d'après le mss. unique du
Museo civico de Padoue par Dom Gregorio Campeis, O. S. B. Patavii,
MCMVIII. Ex Typographia Antoniana. Voir p. 7. A la fin de l'opuscule
de Louis Barbo, on lit : « Scriptum manu mea in Palatio Trivisino, et
completum die commemorationis S. Pauli Apostoli ultima die Junii, cur-
rentibus annis a nativitate D. N. I. C. m. CCCC. XXXX.

(7) Arnold Wyon, *Lignum vitæ, Venetiis* 1595. T. II, p. 582.

(8) D'après une observation critique qu'on lit au début du T. V. d'Hols-
tenius, Codex regularum, Aug. Vind. 1759, p. 10, ce fut avec l'aide de

succès fut tel que bientôt plusieurs abbayes s'unirent à celle de
Sainte Justine, et formèrent avec elle la Congrégation Sainte-Jus-
nite de Padoue. Lorsqu'en 1503, l'archimonastère du Mont-Cassin
fut adjoint officiellement par Jules II à la Congrégation de Sainte
Justine, celle-ci prit le nom de Congrégation du Mont-Cassin, «*Nec
non Congregationem ipsam propter nomen et dignitatem Monasterii hujusmodi (quod aliorum Monasteriorum dicti Ordinis caput
est, ut præfertur) de cetero Cassinensem Congregationem alias
S. Justinæ, nuncupari debere* (9).»* Déjà, avant cette date, la réforme
avait gagné quelque peu le Mont-Cassin, car, nous le verrons plus
loin, un groupe de moines du Mont-Cassin vint propager cette
réforme à Montserrat dès 1442.

Dans la nouvelle Congrégation de Sainte Justine, les présidents
ou supérieurs généraux n'étaient nommés que pour un an; Louis
Barbo fut nommé cinq fois président. Il mourut en 1443. Parmi
ces présidents, en 1447 et 1452, figure un Belge qui, sans doute,
connaissait les usages des Frères de la vie commune : il se nommait D. Arsène, de Liége (10).

Les avantages de la nouvelle réforme avaient été bientôt connus
à l'étranger; le pape Eugène IV veillait d'ailleurs à ce qu'au loin
on bénéficiât des leçons et exemples du vénérable Louis Barbo; il
lui avait ordonné d'écrire en Espagne à la pieuse Congrégation

------

quelques moines olivétains que se fit la réforme. Dans la *Revista storica
benedictina,* 1909, p. 560-570. D. Placido Lugano suppose aussi que le
régime adopté par Louis Barbo a été quelque peu inspiré par l'influence
olivétaine.

(9) Voir la Constitution : *Super Cathedram Pastoralis Pæeminentiæ,* du
22 novembre 1503.

(10) Il était né non pas à Liége, mais à Longueville (en Brabant). Il ne
semble pas qu'il ait été Frère de la vie commune, si nous en jugeons par
la petite notice que lui consacre la *Biographie nationale.* Belgique, 1866-
T. I.

de Valladolid la manière dont il comprenait la nouvelle réforme (11). Une colonie de six moines réformés du Mont-Cassin, sous
la conduite de Dom Antoine d'Avignon vint même s'installer, en
1442, au monastère de Montserrat qui devait s'unir à la Congrégation de Valladolid. Dom Antoine fut nommé abbé, et pendant
douze ans travailla avec calme, douceur et discrétion à introduire
à Montserrat les usages du Mont-Cassin. On peut lire dans la
Perla de Cataluna Historia de Nuestra Senora de Monserrate, par
D. Gregorio de Argais (12) le témoignage que cet historien de Mon-
serrat donne de la paisible administration de Dom Antoine d'Avignon. Malheureusement, son successeur, Dom Antonio Ferrer
abandonna les usages de Mont-Cassin, et donna de nouvelles lois
au couvent de Montserrat, et les six moines italiens retournèrent
au Mont-Cassin.

Dom Yepes, dans sa *Chronique générale de l'Ordre de Saint Benoît*, rapporte ce même fait (13) : « Frère Antoine d'Avignon, pro-
fez du Mont-Cassin, vint d'Italie en Cathalogne pour gouverner
l'Abbaie de Montserrat à l'instance du Roy Dom Alfonse l'an 1442,
accompagné de cinq religieux sçavoir, Frere Cyprian, Frere Na-
tale, Frere Baptiste, et Frere Anthoine de la Croix, lesquels sé-
journèrent environ douze ans en Espagne, et après s'en retour-

---

(11) Ludovici Barbi... et... *Declarationes nonnulæ in Regulam N. P. Benedicti pro Congregatione Vallisoletana in Hispania, ad instar Cassinensis
instituta*. On les trouve dans le livre : *Privilegia præcipua Congregationis S. Benedicti Vollisoletæ a summis Pontificibus concessa et confirmata*,
Vallisoleti. 1595. Armellini les a reproduites dans ses *Analecta*. Dom
Fauste Curiel les a données aussi dans ses intéressants articles des *Stu-
dien und Mitteilungen aus dem Benedictiner und Cistercienser-Ordens*.
1904, p. 698 à 703.

(12) Madrid, 1677, p. 93.

(13) T. IV. Toul. 1668, p. 361.

nèrent en Italie. Il est à présumer que le Roy Dom Alfonse appella ces Religieux d'Italie en intention d'unir le Monastère de Mont-Serrat à la Congrégation de Sainte-Justine, laquelle commençait à respandre une odeur très-souefue de vertu : mais comme on peut colliger du retour de ces moines, ce dessein ne réussit point, Dieu ne voulant pas que cette abbaïe qui devait s'unir à la congrégation de Saint Benoist de Valladolid s'incorporast en une congrégation estrangère. » L'union avec Valladolid ne devait avoir lieu qu'en 1493.

Nous manquons de données positives pour affirmer que Louis Barbo envoya aux Bénédictins espagnols soit de Montserrat, soit de Valladolid sa *Formula orationis et Meditationis* qu'il composa pour les religieux de la Congrégation de Sainte-Justine. Vraisemblablement Dom Anthoine put faire connaître aux religieux espagnols de Montserrat au moins les solides principes de ce réformateur sur l'utilité de la méditation, sinon la formule elle-même qu'il avait envoyée à tous les frères de l'Observance de Sainte Justine de Padoue : *Omnibus fratribus Domino fideliter seruientibus in Congregatione.*

Ici se pose une question : Louis Barbo, dans la composition de sa *Formula*, a-t-il été sous l'influence des chanoines réguliers de Windesheim?

Il n'est pas douteux qu'il les a connus eux et leurs méthodes de méditation si semblables à la sienne.

Nous ne savons pas si Louis Barbo assista au concile de Constance où se trouve l'auteur de la septaine de méditations employée à Windesheim, Jean Vos de Huesden (14) ; mais nous savons qu'il assista au concile de Bâle, en 1432, et que là il eut de nombreux entretiens avec les divers réformateurs de l'Ordre bénédictin, en

---

(14) *Chronicon Windeshemense*, Halle, 1886, p. 226 et 354.

particulier avec Jean de Rode, abbé de saint Mathias de Trèves, grand ami de la méditation, et avec le réformateur de là Congrégation de Bursfeld, Jean Dederoth, qui avait étudié sur place à Windesheim les constitutions et usages des chanoines réguliers dont tous faisaient l'éloge (15).

Vraisemblablement aussi, il y rencontra quelques-uns de ces pieux religieux. Par eux, il put apprendre, si déjà il ne connaissait pas ailleurs, les méthodes de méditation hebdomadaires proposées par Jean Vos de Huesden, ou d'autres similaires ; en tout cas, il paraît avoir si bien adopté le principe de l'emploi de la méditation quotidienne, qu'il lui accorda un temps fixe dans la journée du religieux bénédictin ; cela ressort, ce nous semble, des phrases suivantes : Illa hora quæ data est vobis ad orandum erit sine fastidio... Pro usu huiusmodi orationis confidenter loquor, in brevi pervenietis, cum igitur pervenerit *orationis hora* modicum segregatim ab invicem ne per aliquam naturalem indigentiam spuendi vel tusciendi et similium dicimus impediant fratres (16).

Il citera, il est vrai, dans la *Formula,* à l'avant-dernière page, Ubertin de Casal, l'auteur de l'*Arbor vitæ crucifixæ Jesu,* comme ayant suivi une méthode semblable : « teste illo devotissimo meditatore vite domini Iesu ubertino de Casali punctaliter per similem modum meditandi... pervenit, et vos pervenietis tandem ad tantam dulcedinem (17). » Mais il développe ses sujets de méditation plus largement et avec plus de précision que l'auteur franciscain,

----

(15) Voir *Revue bénédictine,* T. XVI, 1899, pp. 398 et suiv. dans l'article de Dom Ursmar Berlière sur les *Origines de la Congrégation de Bursfeld.*

(16) Voir au début de la *Formula.* C'est nous qui avons souligné les mots *orationis hora.*

(17) Cf. *Etude sur Ubertin de Casale,* par Frédégand Callaye, O. M. Cap. Louvain 1911. Voir p. 259. Appendice sur les manuscrits et les impressions de ce livre.

dont il invoque l'exemple, et se rapproche du genre suivi par Jean Vos de Huesden, chanoine de Windesheim, lequel d'ailleurs paraît avoir subi l'influence franciscaine par les Méditations de la vie de Jésus-Christ dites de saint Bonaventure

Nous aurons, dans un travail ultérieur l'occasion de revenir sur toute la littérature des septaines hebdomadaires de méditation, et nous pourrons y trouver quelques sources au moins lointaines des semaines de méditation adoptées par saint Ignace dans ses Exercices.

Nous trouvons encore un indice de l'influence de Windesheim sur la Congrégation de Sainte-Justine de Padoue dans l'histoire de la diffusion du livre de l'Imitation.

«La Congrégation de Sainte-Justine, dit Monseigneur Pujol, a été un grand instrument de propagande de l'I. C. à partir de 1408 (18). » Cette date de 1408 est sans doute par trop prématurée, la plus ancienne copie italienne connue est de 1436; mais le fait de la propagande de l'Imitation par la Congrégation de Sainte-Justine est indubitable. Le P. Joseph Brucker a pu écrire : « La plupart des manuscrits bénédictins (huit sur treize) proviennent de la Congrégation de Sainte-Justine de Padoue (19).» Cette estime des bénédictins réformés italiens pour l'Imitation s'explique facilement, si l'on admet les relations de Louis Barbo avec Windesheim.

Il serait intéressant de rechercher quelles ont pu être les relations des premiers jésuites soit avec les chanoines de saint Georges in Algà à Venise, soit avec les bénédictins de la Congrégation de Sainte-Justine. Nous savons qu'à Rome le P. Laynez prêcha à Saint Salvatore in Cauro, église qui dépendait des chanoines de Saint Georges in Algà; et nous trouvons plusieurs noms de Vénitiens, par

(18) *L'Auteur de l'Imitation de Jésus-Christ.* Paris, 1899, p. 208.
(19) *Etudes religieuses*, 1899, nov. p. 357.

exemple, les Contarini, les Lippomami, les Garzoni en relations
connues avec saint Georges, dont la sympathie pour les nouveaux
religieux jésuites fut efficace à Rome et ailleurs. Mais pareille
étude nous jetterait en dehors de notre sujet précis. Qu'il nous
suffise de signaler en passant la faveur que, de part et d'autre, on
montrait à la méditation méthodique et à la spiritualité de l'école
des Frères de la vie commune.

Voici maintenant quelques indications bibliographiques sur le
Modus meditandi que nous reproduisons en suivant la première
édition imprimée à Venise en 1523, qui paraît inconnue à bien des
bibliographes. D'après Dom Arnold Wyon (20), un moine de Sy-
racuse, Dom Constantin, en conservait un exemplaire manuscrit.
Serait-ce le même que celui qui se trouve à la Bodléenne d'Oxford
et qui est indiqué par le *Codex manuscriptorum Angliæ* (T.I, Par. I,
p. 550). Nous ne saurions le dire. Le manuscrit de la Bodléenne
est très probablement, d'après les charitables amis qui ont bien
voulu l'examiner pour nous, de date postérieure à l'édition de 1523;
on y remarque quelques modifications de détail qui corrigent notre
imprimé, mais la ressemblance est presque complète. L'un et l'autre ont quelques différences notables avec l'édition de 1856 imprimée à Ratisbonne à la suite de *l'Exercitorium* de Cisneros. C'est
ainsi que, par exemple, l'édition de Ratisbonne écrira, p. 280 :

« Est autem hic communis modus orandi (voce), qui cum facile
apprehendi possit, incipientibus potissimum convenit. Attendite
itaque obsecro, diligenter ad eum, quoniam in facilitate sua utilis
fiet vobis et delectabilis super mel et favum, et ex eo illustrationes
et gratias percipietis. Est enim basis et fundamentum graduum
reliquorum, a quo etiam magni contemplativi incipere solent, ut
ab eo ascendant ad cæteros. »

____

(20) *Opus cit.* T. II, p. 584.

L'édition imprimée en 1523 dit seulement: « Hæc est oratio communis quæ faciliter apprebendi incipientibus potissime convenit et aqua (sic) etiam magni contemplativi semper antequam ascendant (sic) ad alios gradus incipere solent. » On trouve un peu plus loin les mots « *delectabilis et dulcis super mel et favum* » ; on n'y rencontre pas les mots : *Est enim basis et fundamentum graduum reliquorum.*

Le manuscrit de la Bodléenne porte: « Hæc est oratio communis quæ faciliter apprehenditur : quæ incipientibus potissime convenit a qua etiam magni sancti contemplativi semper antequam ascendant ad altiores gradus incipere solent.» Comme dans l'édition 1523, les mots « *delectabilis et dulcis super mel et favum* » viennent plus loin, mais font défaut les mots: *Est enim basis et fundamentum graduum reliquorum.*

D'après Fabricius, il y eut une édition à Rome imprimée en 1605. Armellini l'annonce sous ce titre (21): *Formula orationis et meditationis, tradita per Rev. bone mem. Patrem D Ludovicum Barbo Venetum Cong. S. Justinæ de Padua fundatorem, qua fertur ipsum usum fuisse sine intermissione usque ad mortem tam in Episcopali quam in abbatiali dignitate, nunc primum edita Romæ apud Gulielmum Facciottum anno 1605. Deinde eam recudendam curavit D. Petrus Torn, Siculus apud Petrum de Insula, an.* 1676, *apposuitque ad calcem ceremonialis Benedictini a se compositi.*

On signale encore les éditions de Salzbourg (1634), de Cologne en 1644, et enfin celle de Ratisbonne, 1856.

Dom Monfaucon cite (22) de Louis Barbo un manuscrit: *Praxis institutionis novitiorum,* et un autre *Compendium interioris dis-*

---

(21) *Bibliotheca Benedictino-Casinensis,* Assisii, 1731, Pars secunda, p. 83.

(22) *Bibliotheca bibliothecarum manuscriptorum nova.* Parisiis, 1.59. T. I, p. 229, C 2.

ciplinæ, mais sans doute c'est la *Formula* sous un titre nouveau.

La biographie de Louis Barbo a été ébauchée par plusieurs auteurs d'après son traité *de initiis Congregationis S.Justinæ a Padua* Agostini lui consacre environ 25 pp. dans ses *Notizie istoriche intorno la vita e le opere degli scrittori viniziani*. Venezia, 1752, 2 v. in 4°. Jacq. Philippe Tomasini en parle à plusieurs reprises dans ses *Annales Canonicorum secularium S.Georgii in Algâ,Utini*, 1643 (23). Nous souhaitons de tout cœur qu'un historien bénédictin élève un monument digne du vénérable Louis Barbo en lui consacrant tout un volume qui contiendrait une large biographie et les œuvres inédites et imprimées de ce grand et noble réformateur!

Dans l'opuscule que nous reproduisons ci après, nous avons conservé le texte de l'édition de Venise: nous avons pris seulement la liberté de compléter parfois la ponctuation qui était par trop rudimentaire

---

(23) Voir p. 13, 74, 77, 178, 239. — Le P. Jacq. Romano S. J. a célébré ses vertus dans une poésie qu'on trouvera dans l'opuscule *Virtus coronata in Antiquissima et Illustrissima Barbonum familia*. Græcii, 1683. Voir aussi Cornelius (Flam.) *Ecclesiæ Venetæ antiquis monumentis, nunc etiam primum editis, illustratæ et in decades distributæ*. Venetiis, 1749. Decad. IX, p. 59, 60, 61 ; Part. III, p. 82. Comme travaux récents, la *Revue Bénédictine* a signalé : D. Antoniolli, O. S. X. *Lodovico Barbo, fondatore della Congregatione di Santa Giustina in Padova*. Modena, 1910. — D. Basilio Trifone. *Ludovico Barbo e i primordi della Congregazione benedictina di Santa Giustina-Rivista Storica Benedictina*, V, 1910, p. 269-280, 364-394, et VI, 1911, p. 366-392. Il y aurait peut-être aussi à consulter la biographie du B. Nicolas de Prusse qui fut disciple de Louis Barbo à Sainte Justine de Padoue. Cf. *Beda Cardinale O. S. B. Brevi cenni intorno alla vita del B. Nicola da Prussia. Subiaco*, 1907.

IESVS   AMOR   MEVS.
Emptor Consolaberis.
= Ad Monachos Sanctæ Iu/
stınæ de Padua.
= Modus Meditadi & oradi
p Reueren. Dnm Ludovicu
Epm Taruisinu compositus
per singulas ferias hebdoma
de oibus pie in Iesu amore
exerceutibus.
= Meditatio dni nostri Iesu
Christi.   Ad Matutinum.
Meditatio.   Ad primam.
Meditatio.   Ad tertiam.
Meditatio.   Ad sextam.
Meditatio.   Ad nonam.
Meditatio.   Ad vesperas.
Meditatio.   Ad completoriu.

AD MONACHOS SANCTÆ IUSTINÆ DE PADUA
Modus Meditandi et orandi
per Reverendum Dominum Lodovicum Episcopum
Tarvisinum compositus

OMNIBUS FRATRIBUS Domino fideliter servientibus in congregatione de observantia sancte Iustine ordinis Sancti Benedicti Ludovicus, servus vester pro domino Iesu et minister omnium ejusdem in Tarvisio salutem et pacem in domino sempiternam.

Quoniam sine oratione quasi impossibile foret humanam fragilemque conditionem dura religionis posse ferre certamina et cordis siccitatem inebriare dulcedine, nisi cum aqua orationis quam exhauriat de fontibus salvatoris ; et sicut arbor pressa siccitate, fructus et follia rejicit immatura ; sic anima que caret rore orationis opera imperfecta et multimodis tediis producit, cogitavi non doctis non exercitatis simplicioribus et inexpertis et parvulis in domino lac emungendum parare, ut eo terrena mens nutriatur per hujusmodi facillimum nutrimentum et tandem in virum perfectum, et orationis pabulum quod amarum eis videbatur, fiat per transubstantiam humilem doctrinam suave.

In primis fratres dilectissimi scire debetis quod secundum sensum omnium sanctorum qui de oratione scripserunt tres sunt orandi modi. Primus voce, orationem scilicet dominicam aut psalmos dicendo aut aliam sacram scripturam cum devotione legendo, aut aliquos devotos qui exposcant a deo diversas gratias sicut inferius latius et clarius dicam et hec est oratio communis que faciliter apprehendi incipientibus potissime convenit, et a qua etiam magni contemplativi semper antequam ascendant ad alios altiores gradus incipere solent. Et ad istum modum orandi, precor, diligenter attendite, quia in eo intendo me magis extendere quam in aliis, eo quod est satis apprehensibilis, utilis, et delectabilis, cum quo spero in divina

illustratione et gratia, quod illa hora que data est vobis ad orandum erit
sine fastidio, immo delectabilis et dulcis super mel et favum, et ita delectabilis quod videbitur vobis nimis cito transisse, nec perficietis gradum istum
qui convenit omnibus, et simplicibus et in doctis, sine lacrymis aut delec-
tabilibus suspiriis. Insuper amoneo charitates vestras ut si verum fructum
orationis consequi desideratis conemini habere charitatem et pacem cum
omnibus, parcendo offendentibus vos, diligendo virtuosos, et omnibus cum
humilitate serviendo, prioribus leto animo in omnibus obediendo, ut sic
oriatur vera pax in mentibus vestris velut in pacifico loco eius resideat ad
quas virtutes et pacem. Pro usu huiusmodi orationis confidenter loquor in
brevi pervenietis, cum igitur pervenerit orationis hora modicum segregatim
ab invicem, ne per aliquam naturalem indigentiam spuendi aut tusciendi et
similium dicimus impediant fratres ; quantum vobis erit possibile sensum
recludite et cordis deo januas aperite. Quod in isto primo ordine orandi
qui faciliter deservit intellectui, et eum devote et viriliter occupatum tenet,
leviter consequi poteritis, et que gesta corporis mentis ellevationem adiuvant,
debetis primum caput conjunctis palmis ellevare sursum, et fingere vos
videre celum apertum et dominum Iesum ad vos audiendum cum angelorum
multitudine preparatum, et cum bene imaginationem istam fixeritis in mente
vestra, caput declinate ad terram et vocaliter (secrete tamen) dicite cum
Moyse Abraam et publicano, qui omnes his humilibus verbis gratissimi
deo fuerunt : O domine, quis sum ego cinis, vermis, putredo ex peccatis,
ut presumam tuo sanctissimo conspectui assistere, et ad te immensum et in-
comprehensibilem deum et dominum celi et terre recurrere et tecum loqui?
Non sum dignus oculos meos, qui te aspiciendo carnalia et vana hujus seculi
offenderunt, levare ad te ; tamen mi domine sis propitius mihi misero
peccatori, et beatam matrem tuam virginem Mariam, et alios sanctos quos
invoco ut intercedant pro me, propter eorum merita exaudire dignare. Et
tunc imaginare o devota anima videre coram domino Iesu beatam virginem
Mariam totam splendore corruscantem et te aspicientem ; tunc finge te
esse ad pedes eius, et plorando dic voce submissa : O dulcissima virgo
Maria, Refugium omnium peccantium qui corde contrito ad tuum confu-

giunt filium deprecare pro me ut me faciat dominus Iesus Christus filius
tuus servum suum fidelem, et perseverare in via dei, et dignare esse cum
istis devotis meis sanctis ad intercedendum pro me apud filium tuum dulcissimum dominum Iesum. Tunc imaginare beatam virginem videre benigne
te aspicientem et suscipientem deprecationem tuam et te recomitentem filio
suo domino Iesu Christo.

Post hec, elige tibi duodecim sanctos tibi magis devotos, et finge quod
sint ibi presentes coram domino Iesu Christo et angelis eius, et humiliter
advoca primum et utere verbis placabilibus, sicut si invocares aliquem
amicessimum tuum, hoc modo: Dulcissime domine Iesu, deinde primum
sanctum, exprime nomen eius, propter amorem quem habuisti in hoc misero
seculo domino nostro Iesu Christo, si fuerit Martyr, dic propter passionem
quam ob eius amorem fortiter sustulisti; et si fuerit confessor propter dilec-
tionem et amorem quem habuisti ad eum pro quo multos sustinuisti labores.
Roga deum pro me ut me faciat esse fidelem servum suum et perseverare
usque ad mortem. Ad secundum sanctum eisdem dulcissimis deprecando
verbis, ab eo pete ut intercedat pro te, ut sis constans et paciens in omnibus
adversitatibus, contrarietatibus et tentationibus : a tertio pete ut roget pro te
ut deus infundat tibi gratiam obediendi patribus et non tantum prioribus
sed et fratribus et minoribus aut iunioribus te ; a quarto pete ut roget
pro te ut deus infundat tibi gratiam, ut sis humilis, pius, pacificus, et omnibus benignus ; a quinto pete ut deus donet tibi gratiam abstinere a super-
fluitatibus, diligere ieiunia, vigilias et silentia et alia sancta opera Religionis
que sunt porte ad dulcedinem contemplationis ; a sexto pete ut oret pro te
ut deus donet tibi gratiam amplius non peccandi saltem mortaliter, et donet
tibi veram contritionem de peccatis preteritis, et satisfactionem ante
mortem secundum quod ei placuerit. A septimo ut oret primo ut deus
te custodiat a morte subitanea et improvisa, et concedat tibi intellectum
sanum cum cognitione divinorum beneficiorum usque ad mortem. Ab octavo
pete ut oret pro te ut deus donet tibi gratiam diligendi proximum etiam
si te offenderit, precipue ut diligas pauperes et peregrinos, et ut eis libenter
servire valeas. A nono pete ut deus adjuvet patrem spiritualem monasterii

et alios ob curam spiritualem et temporalem monasterii deputatos, ut deus det eis gratiam sine fastidio cum charitate et hilaritate servire in officiis eis injunctis. A decimo pete ut dominum deprecetur pro omnibus fratribus monasterii ut invicem deserviant uniti in vera charitate concordia et pace, et quod deus adjuvet omnes tentatos. Ab undecimo pete ut oret pro patribus totius congregationis ut fideliter domino serviant, et illi obediant superioribus suis, et invicem in charitate perseverent. A duodecimo pete ut oret pro defensione Christianitatis pro ecclesia dei quam suo et suorum sanctorum decoravit sanguine, et pro pace populi christiani. Postea cum maxima Reverentia cogita videre eos sanctos cum beatis virginibus se presentare ante dulcissimum tribunal Christi et flexis genibus deum deprecare ut exaudiantur preces tue ; hunc orandi modum tenuit virgo et martyr gloriosa Cecilia prout legitur in legenda sua ; invitabat angelos precibus, lachrymis interpellabat apostolos, et sanctaAgmina omnia Christo famulantia exorabat ut suis eam deprecationibus adjuvarent, suamque domino pudicitiam commendarent. Postea ascendens ad secundum gradum orandi ut statim submittam, ex predicto modo vocaliter orandi, fratres dilectissimi, in brevi sentietis devotionem, diminutionem illecebrarum carnis, augmentum divine gratie ad custodiendum cor nostrum et mentem a peccatis et malis cogitationibus, et sentietis in vos paulatim venire ex divino dono predictas gratias per vos petitas, et non eritis sine dono lachrymarum, et mirabiles dulcissimasque sentietis consolationes. Et efficiemini digna Receptacula dei et spiritus sancti : hec sufficiant pro primo gradu verbalis orationis.

Post quem ad secundum ascendetis gradum orationis scilicet meditationis. Meditatio hoc modo itaque fit non verbis, sed corde, intellectu et affectu oratur. Cum enim ante intellectum represent
entur opera dei et ordo creaturarum et pulcritudo earum, intellectus perconctatur, gaudet et rapitur in amore dei, et affectus anime totus dulcoratur in deum, diligit et ardescit in servitio et honore sui et proximi dilectione in illum. Plurima alia bona veniunt cum illa, ut inferius latius submittam. Et ut sine fastidio habeatis materiam meditandi, potestis qualibet die de septima innovare meditandi objectum.

Die Dominico.

Itaque die Dominico, dei immensam charitatem qui cum ab eterno esset solus in quo omnia queque creata antequam fierent erant in ipsum secundum evangelistam Ioannem dicentem, quod factum est in ipso vita erat, idest metiebatur ac si facta fuisset, volens deus sua incomprehensibilia et infinita gaudia immensitatem sue potentie, et inaccessibilem suam sapientiam et pulchritudinem communicare, inter omnes suas creaturas solum duas id est Angelos et homines horum capaces creav.t, et ut per pulchritudinem creaturarum homo specialiter ad dei imaginem et cognitionem ascenderet celum ita stellis sole et luna decoratum, terram floribus fructibus bestiisque innumerarum specierum, mare, flumina, fontes cum diversorum generum et mirandorum piscium speciebus, omnia ad hominis servitium et contemplationem, ut in eis factoris immensitatem agnoscerent procreavit, humanumque sic intellectum erexit ut cursus siderum, planetarum, Solis, Lune agnosceret, virtutesque lignorum et herbarum apprehenderet, ut in eis absconditam dei sapientiam perlustraret. Et hic, ut ascendas ad dei amorem, cogita dei beneficia primoque quod ex nihilo produxit in esse et in esse non lapideo, nec vegetabili ut arbores et plante, nec sensibili ut bestie, sed cum intellectu rationali fecit christianum non paganum, catholicum non hereticum, et quod est melius, super quo tu deberes totus ardere in dei amorem, quod de tot millibus te elegit ad sui famultatum in ordine sanctorum per donum bone voluntatis ; post tot et tanta beneficia premeditata, que anima poterit se continere a lachrymis pre gaudio, et que non ascendet ad fervorem dilectionis dei in quo et proximum diliget amore perfecto ? Et sufficiant ad meditandum pro die Dominico.

Die Lune, Meditare lapsum ade primi hominis, ex quo tam nobile vas, tam lucidum dei habitaculum, scilicet hominis anima, in quantam cecitatem, miseriam, ignominiam, et peccatorum spurcitiam pervenit ; et hic cogita mundi miserias, hominum fetidissima scelera, et qualiter deus ab hominibus ignoratur, despicitur et blasphematur, et cogita etiam in te quanta mala in seculo perpetrasti, et quanta fragilitate circundatus es, et nisi esset illa divina incomprehensibilis bonitas que te protegit que tuum intellectum sua sola misericordia flectere facit ad bonum, miserias et sceleratissima mala committeres ; et gratias refer domino deo tuo qui te extraxit de medio tantarum iniquitatum et inter sanctos suos et electos, non tuis meritis sed sola incomprehensibili sua clementia te locavit. Et cogita quod erant noti tibi qui melius vivebant quam tu et cum minori offensa, et tamen super illos te etiam maiorem peccatorem ad se vocavit, et gratia sibi serviendi gratis donavit ; hic, una cum Beato Francisco qui quotidie cum lachrymis hanc de se vocationem agnoscens dicebat, et tu similiter dic : o domine deus meus, o bone Iesu, et quare mihi ? quare mihi tantam gratiam contulisti ? semper te offendi. Cogita etiam quantus fuerit lapsus iste primi parentis qui tantam dei incurrit iram et indignationem ; quod omnes etiam justissimi et sancti viri, ante domini Iesu passionem ad inferos descendebant ; et hic meditare sanctorum ipsorum avidam expectationem adventus domini nostri Iesu Christi ; et hec sufficiant primo Lune, cum dei gratia.

Die Martis, descende, o anima dilecta ad presepium dei tui et domini nostri Iesu Christi, et imaginare te esse presentem, et finge videre beatam virginem Mariam stantem genibus flexis ante puerum Iesum in admiratione et stupore tanti divini muneris, similiter et Ioseph ; et tu etiam in angulo illius domumcule sta in stupore, et cogita primo de divina charitate, que ut salvaret et redimeret te et genus humanum dignata est summere spurcitias carnis nostre ille quem celi capere non poterant. Pro tuo amore modico clauditur presepe ille qui est lumen incircunscriptum, inaccessibile, circumdatur carne nostra mortali, et apprehenditur et videtur in forma servi habitu inventus ut homo; o anima devota, quomodo hoc meditari poteris sine lachrymis, sine singultu et sine clamore videndo deum celi terre et omnium dominum, et dominum angelorum regem pro te, pro tua salute, pro tua redemptione iacere super modicum fenum in vili tugurio pecudum ; letare cum Angelis, stupesce cum pastoribus, lauda in corde tuo cum sanctis tam inauditum munus datum tibi et toti generi humano ; contemplare et humilitatem domini dei tui dulcissimi pueri Iesu, qui cum esset splendor paterne glorie, de illo

super excellentissimo Throno Trinitatis propter te propter genus humanum
in medium duorum animalium in vili presepio voluit collocari ; qui incomprehensibili gaudio fruebatur propter tuam et generis humani miseriam
plorat vilibus panniculis involutus ; qui est verbum et summa sapientia
patris infantulorum gesta suscepit ; qui celorum terre mariumque dominus
et preceptor extitit, propter te et humanum genus recuperandum vilem servi
formam dignatus est sumere; et hic coram hoc divino infantulo finge te
esse, et redde ei cum lachrymis gratias de tantis muneribus infinitis; et
finge te videre stellam fulgentum stantem supra ubi erat puer; cerne magos
cum muneribus venientes, et cum illis finge te adorare dominum, hec Hieronymus de Paula in sermone de assumptione beate Marie Virginis ; hec
sufficiant pro die Martis

Die Mercurii, cogita de fuga domini tui pueri Iesu in Egyptum, et finge
te associare illum et illi compatere, et piis verbis offer te beate Virgini
ad omnia obsequia, que sola erat cum Ioseph ; et finge te secum ire ; tu
ergo sis tamquam famulus, accipe in brachiis tuis puerum Iesu tibi a beata
Virgine porrectum, cum descendere vult de asello, et tunc stringe cor tuum
cum tuo puero Iesu quem tenes in brachiis et dic et tu. Nunc dimittis etc.

Postea cogita labores tui dulcissimi Iesu, in solicitudine illustrandi
animas hinc inde incessanter discurrendo, et miracula faciendo ; et hic
finge te esse cum illo, et quod te sepe admoneat dulciter te vocando, et
finge eum audire te, tuo proprio nomine vocando, docentem te sic: fili,
vide quoniam incessanter laboro pro te, et tu pro me nunquam sis lesus
servire fratribus tuis. Unde, fili, Relinque te ipsum, et veni post me ;
Quia te semper tunc libenter videbo, et si te totum scilicet non defendendo
tuos sensus, non discutiendo patris precepta, non iudicando defectus fratrum,
sed omnia ad me reportaveris, quoniam non solum bona a me procedunt
sed etiam que mala videntur ex mea permissione fiunt pro animarum utilitate,
aut causa huiusmodi aut causa exercendi patres aut causa docendi
patientiam proficientes ; si hec feceris, si te totum mihi dederis, sic
totum me ipsum tibi dabo, et cum tali exercitio acquires omnium
benivolentiam, habebis pacem in animo tuo, et tunc sepe te visitabo inauditis

consolationibus meis. Cerne etiam in mente tua famem, quam sepe ferebat ille qui totum orbem pascebat, ita ut cogeretur evellere spicas de campis, et satisfacere carnis fami, et hic finge te illi offerre de spicis et compatere illi iuveni Iesu deo tuo pro te tam horridam famem sustinenti. Cerne et eum miracula facientem, mortuos suscitantem, leprosos mundantem, paralyticos, cœcos, et demoniacos liberantem; et semper finge te esse presentem, et aliquod obsequium ei prestare, et admirando consolare te ipsum in prodigiis et miraculis dei tui Iesu, ut eum discas amare, timeri et revereri: hec sufficiant pro die Mercurii.

Die Jovis cogita quantas persecutiones sustinuit post tanta miracula et labores. Et hic cogita de hominum ingratitudine, et ad quantam cecitatem et duritiam veniunt reprobi, ut etiam veritate doctrine, stupore miraculorum a suis perversitatibus non discedant ; cogita de aliis persecutionibus, ut quando duxerunt Iudei eum in supercilio montis, volentes eum dejicere deorsum, et finge te esse secum plorando, et secum per medium illorum pertransire mirabiliter: Cogita etiam quando lapidare volebant eum ; quando dicebat se esse ante Abraam, vocabant eum potatorem vini et habentem demonium ; et hic disce pati opprobria cum tuo dulcissimo Iesu, Magistro tuo ; tandem cogita de duabus cœnis, unam quam fecit in domo Simonis, et finge te videre 'Mariam Magdalenam currentem ad pedes Iesu, plorantem et mugientem et clamantem pro venia, et finge audire illos clamores et gemitus, quia te provocabunt ad lacrimas. Tum finge te ibi adesse, et ex alio latere cum tremore pone te ad pedes Domini Iesu, et plorando etiam humilibus verbis petes veniam. Dico vobis, Fratres mei, quod in hac meditatione cito consequinimi dulce donum dulcium lacrymarum ; vade postea ad aliam cœnam quam tuus Dominus fecit cum discipulis, et cogita de dulci sermone quem fecit, de mirabili caritate institutionis sacratissimi Sacramenti corporis et Sanguinis sui, et finge te, humiliter flexis genibus, de manibus tui dulcissimi Dei Iesu cum aliis Apostolis sumere ejus corpus sacratissimum et sanguinem; subsiste aliquantulum in dulcedine quam senties in preclara spiritali communione; postea cogita de mirabili ejus humilitate quando lavit pedes discipulorum ipse Rex eterne glorie, Dominus angelorum, pulchritudo Deitatis, Rector celorum et mundi, et amplecti voluit ita cordialiter, ita dulciter, ita humiliter, tam vilem, tam abjectum actum lotionis pedum discipulorum, ut tu discas non verecundari pro tuo proximo omne obsequium quantumcumque prestare ; et finge illi servire et porrigere linteamina ad tergendos pedes discipulorum, et una cum aliis sociis facile alia obsequia in quibus meditando anima tua recipiet multam spiritualem consolationem ; et hec pro die Iovis meditando.

Die veneris, finge te videre Iudam plenum diabolo surgentem de mensa et ire ad tractandam proditionem tui dulcissimi Iesu. Et finge etiam videre Dominum Iesum ire ad montem Oliveti ad orandum, et finge te eum sequi cum aliis Apostolis, et cerne eum dicentem tibi, et finge quod vocet te nomine tuo, et dicat: Fili ! anima mea tristis est usque ad mortem, sed confortare, fili, quia, et si caro mea videtur tibi infirma, spiritus promptus est mori pro te et genere humano, et tunc projice te ad pedes ejus, et certe facile erit, quod hic in ista devota meditatione projicies lacrimas, et dic: o Domine mi dulcissime, ergo sum ille peccator qui dignus sum mori, da mihi ut tecum moriar. Et ille tibi dicet: fili, nondum venit hora tua, mihi datum est a Patre meo et a sua eviscerata et infinita caritate, ut ego patiar et moriar ; expecta hic quoniam tempus est orandi. Et cerne Dominum tuum Iesum a te segregatum orantem, et vide ejus agoniam, ita ut videas guttas sanguinis decurrentes in terram, et compatiens tuo Domino, curre et finge velle tergere faciem ejus, et ille plenus lacrimis dicet tibi: fili ! recede, et tu ora ne intres in tentationem in proxima mea Passione; hoc non est tuum ministerium, sed Angelorum qui mihi ministrant ; tunc plorando revertere et finge te orare. Postea vide Iudam et Iudeos cum fustibus et lanternis venientes, Dominum comprehendentes, et ligatum jurgiis ad domum Anne et Caïphe ducentes; vide discipulos fugientes, sed tu remane cum Petro et Joanne, et meditare opprobria, sputa, alaphas et flagella que tunc pertulit; et plora hic tui dulcissimi Magistri angustiam ab omnibus derelicti. Post hec finge te videre ipsum Dominum Iesum duci ligatum, totum passione verberum afflictum duci ad carcerem, ubi stetit usque mane ; et hic, anima devota, finge te solam ire ad fenestram carceris,

et ibi dic Domino tuo Deo Iesu: o Domine mi, qui cœlum, terram et
maria pugilo contines, ubi reclusus es qui facis terram tremere, tangis montes
et fumigant, et omnia cum tremore tuo imperio obsequuntur, ubi jaces ?
Quam amare permittis te affligi; o summa Caritas ! non te capio ;
absorptus ab abysso tui infiniti amoris; iterum rogo te ut des mihi sustinere
has pœnas, quia ego sum qui peccavi, ego digne patiar; tu immaculate
Agne, cur ita pateris ? et, si pati vis, cur ita dure, cur ita crudeliter ? cur
ita ignominiose, ? vel saltem permitte ut moriar tecum. Puto, anima devota,
quod hic non poteris continere lacrimas; finge te videre tuum dulcissimum
Iesum, voce ex passione suppressa dicentem plane tibi, semper finge quod te
nominet nomine tuo, fili mi, ha noli flere, tui et discipulorum et matris
mee gemitus me magis quam Iudeorum flagella transfigunt, et si videar
in carne ita ex flagellis despectus, scias fili quod ita sum refrigeratus propter
tuam et humani generis salutem, quod non posses nec tu, nec humana
creatura, immo nec angeli, si assumpta carne, paterentur mortem, et omnes
homines cum eis non satisfacerent offense patris mei, ut homo frui possit
celesti paradiso; ideo patienter et cum gratiarum actione sustinerent meam
passionem ; et gratias refer Patri meo de tanto beneficio ; vade et ora in
monte oliveti ; tibi dixi ut et tu, quando es offensus, aut quando pateris,
aut quando per obedientiam labores sustines sicut me sustinere fides, non
commovearis ad impatientiam sed ut gratiam habeas alacriter sustinere,
et sic mecum, ut petis, vere dolores et crucem portabis, et mecum morieris;
tunc cum lacrimis recede. Postea finge mane videre duci Dominum tuum
Iesum coram Pilato, iterum ibi objurgari injuriis et diversis pænis affligi.
illudi ab Herode, et aliis principibus judicari ad mortem, exire cum
spinea corona, sanguinem per ejus sanctissimum vultum decurrentem supra
vestes, associatum cum sanctis vulneribus ad Calvarium montem ; finge
audire illarum sanctarum mulierum clamores, et cum illis finge plorare,
quia vere credo quod hic in veritate plorabis; vide tuum dulcissimum Iesum
ante te crucem ferentem, et in via debilitatum a duris flagellatoribus, in
terram cadentem et crucem deponentem; et tunc finge ibi currere cum fletu
et clamore : o mi domine Iesu ! ut dixi tibi et dico, cur non parcis tibi ;

cur tam incredibilia et incogitata sustines tormenta ? Et hic finge te audire illa pavenda verba : fili, noli flere super me, sed super te et homines mundi; quoniam si Dei justitia ita sevit in me qui sum lignum viride, sine macula, in vos aridos et siccos, qui peccatis pleni estis, quid fiet ? Et commenda te illi ut det tibi gratiam satisfaciendi pro peccatis tuis. Postea associans eum ad montem Calvarie, finge audire sonitum malleorum configentium Dominum tuum, et vide eum totum se torquentem, et ei compatiaris. Vide eum postea elevatum in cruce, et finge quod te aspiciat, et tunc in mente tua clama, o mi domine Iesu, cur crudelitatem pateris ? et ipse tibi dicat voce compressa: fili, ha libenter patior pro te et humano genere; et tunc projicias te ad terram, gratias ei referendo et ei compatiendo. Postea audi verbum primum a se prolatum in cruce : Pater, iguosce eis, quia nesciunt quid faciunt. Et meditare quantum tu debeas parcere et rogare pro tuis offensoribus, qui es cinis et pulvis et offensor Dei, quando ipse immaculatus Deus tuus pro suis crucifixoribus tam dulciter orat. Postea audi secundum verbum ad matrem, et finge te videre beatam virginem plorantem et dolere, et Christum cum lacrimis, et pre doloribus cum singultibus dicentem : mulier, ecce filius tuus ; et ad sanctum Joannem plorantem : ecce mater tua. Audi postea tertium verbum plenun gratia et infinita caritate ad latronem : hodie mecum eris in Paradiso ; et hic lauda tuum dulcissimum Iesum de tanta misericordia quam tribuit quantumcumque magno peccatori, quoties ad ipsum Dominum Iesum per cordis conpunctionem et oris confessionem se converterit. Postea audi quartum verbum: hely ! hely ! Lama-zabatani, hoc est, Deus meus, cur me dereliquisti ; et hic flexus compatieris humanitati tui dulcissimi Iesu, que ab omnibus derelicta videbatur et a Patre, cum nullum ostenderet signum divinitatis. Postea audi quintum verbum : Sitio, et illos crudeles sibi offerentes acetum cum myrrha et felle mixtum ; et finge te videre eum renuentem, et tu pie curre ad crucem et dic : o Domine mi, vado tibi querere potum ; et ipse dicat tibi : non fili ! non quero potum vini aut aque, sed salutem tuam et humani generis sitio, et prestolor in hac me inebriari ; et tunc projice te ad terram, et contemplare dulcedinem infinitam tui dulcissimi Iesu. Postea audi verbum sextum consolationum : consumatum est, idest quidquid scriptum est in lege cum psalmis de eo filio Dei impletum est ; hic refer gratias in consolatione Deo tuo. Postea finge te eum videre caput aliquantulum pre nimiis doloribus inclinare, totum corpus torqueri et irrigari ; et audi septimum et ultimum verbum : Pater, in manus tuas commendo spiritum meum, vide eum inclinato capite emittere spiritum ; et tunc finge videre beatam virginem 'Mariam pre dolore in syncopim eadem inter brachia sanctarum mulierum velut mortuam ; audi etiam voces sanctarum mulierum magnis ululatibus flentium, sanctum Ioannem plorantem, terremotum magnum petras scindentem, solem obscuratum, centurionem cum suis recedentem, et confidentem tui deitatem jam mortui Iesu. Postea cum Magdalena curre ad pedes crucis ; plora tuum dulcissimum Iesum pro te tam crudelissime in cruce mortuum pendentem, et hec pro die veneris.

Die autem sabbato meditare, et finge te cum tuo gloriosissimo Iesu descendere ad infernum, et finge te videre maximum splendorem procedentem ex gloriosissimo Iesu et vide Adam, Evam, Abraham, Isaac et Jacob, Moysem, David, omnes pueros occisos in nativitate Domini, et Ioannem Baptistam, omnes cum exultatione flectere se coram illa gloriosissima mente Iesu, et in illo splendore etiam et ipsos splendidos exire de Barratro et venire cum eo ad Paradisum terrestrem. Et cogita, cum quantis gaudiis illa beata quodammodo inumerabilis multitudo iustorum referebant gratias tuo Iesu dulcissimo pro tanto munere passionis sue per quam ipsi liberati fuerunt. Postea cogita de pluribus mirabilibus in ejus resurrectione cum corpore et apparitionibus factis Marie, quando ibat ad sepulchrum ut ungeret corpus Iesu, et suis discipulis. Ultimo ascende cum discipulis ad montem Oliveti, ubi Dominus ascendit, et finge te videre tuum Iesum totum splendentem, Angelos letantes, discipulos stupentes, tandem Iesum etiam benedicentem eos, et ascendentem in cœlum ; et tunc tu devote clama post eum, petens ut memor sit tui cum venerit in regno, et concedat tibi gratiam prseverandi in sancto servitio suo usque in finem, et sic fit finis Sabbati, et secundus gradus orandi.

De tertio gradu contemplationis non est doctrina, quoniam nec auris audivit, nec in cor hominis ascenderunt que Deus parat anime que digna efficitur divine contemplationis ; sed veritatem dico vobis dilectissimi Fratres, quod si meditationes predictas in cordis puritate et humilitate servabitis, teste illo devotissimo meditatore vite Domini Iesu ubertino de casali qui punctaliter per similem modum meditandi, ut ipse testatur in prohemio sui libri de vita Iesu Christi pervenit, et vos pervenietis tandem ad tantam dulcedinem, ad tantum amorem in Dominum Iesum, quod anima vestra tota liquefacta sentiens divinas et supertranscendentes illustrationes; quibus intellectus succumbens dormiet pre stupore, cum vires sue non erunt potentes indagare abyssum tam indicibilis illustrationis, sed affectus totus succensus ascendet ad cor altum, Dei pulchritudinem degustando cum intellectu misticando, et fruetur cum tanto stupore et dulcedine quod sensus omnes apparebunt absorti et corpus totum propter mentis excessum apparebit rigidum . Et talis anima tunc sive in corpore sive extra corpus fruetur illis beatis illustrationibus nescio, Deus scit. Ad hanc tantam dulcidinem et amorem in Domimum Iesum, plures et multi devotissimi meditatores punctaliter pervenerunt per hunc supradictum vel similem modum meditandi, et hic tertius status orationis, immo fructus aliorum duorum statuum, quibus pervenitur ad beatum contemplationis statum. ad quem ipse Iesus vos et me pervenire faciat. qui est benedictus cum Patre et Spiritu sancto in secula seculorum. Amen.

II. — JEAN DE BRUXELLES (MAUBURNUS)
ET SON MEDITATORIUM.

En 1494, paraissait l'ouvrage considérable qui renferme le *Meditatorium* de Jean de Bruxelles, Jean Mombaer, en latin Mauburnus, chanoine de Windesheim; cet ouvrage portait le titre de *Rosetum exercitiorum spiritualium et sanctarum meditatio- num;* ce livre était anonyme; l'auteur se plaignait même à la fin du prologue de ce que son livre eût été publié, sans son plein assentiment : « *contra vel praeter voluntatem nostram non a me sed ab aliis vulgatum est atque editum opus istud* ».

Le nom de l'imprimeur, et le lieu de l'impression ne figuraient ni au commencement ni à la fin de volume; mais les biblio- graphes, d'après la xylographie du frontiscipe, attribuent cette édition à Os de Bréda qui alors imprimait a Deventer en Hol- lande, non loin du Mont Sainte Agnès. Dix ans plus tard, une seconde édition paraissait à Bâle, avec quelques différences dans le texte (1). Puis vint en 1610, l'édition de Paris, dont le titre résume toute la vie de l'auteur :

Rosetum exercitiorum spiritualium et sacrarum meditationum, quo etiam habetur materia prodicabilis per totius anni circulum. Recognitum et auctum multis. Praesertim primo et ultimo titu- lis, per ipsum auctorem (qui dum vita manebat naturalis nomi- nari non voluit) Venerabilem patrem Ioannem Mauburnum natione Bruxellensem. Vita et professione regularem seu Cano-

---

(1) C'est par erreur que dans la *Genèse des Exercices*, Amiens, 1891, p. 54, note, j'ai écrit que l'édition de Bâle 1504, n'était pas dans son tex e. différente de celle de 1494; en fait, il y a par ci par là de légères additions.

nieum ex institutione divi patris Augustini; cujus observantis-
simam egit vitam prius in celeberrimo cenobio Montis sante
Agnetis, Trajectensis diocesis. Deinde in Francia in regali ab-
batia divi Severini justa castrum Nantonis in qua regularem
(que multis retro annis penitus corrucrat) restituit disciplinam.
Postremo in Livriacensi monasterio in quo cum (expulsis inde
irreformatis moribus). Canonici regularisque observationis viros
collocasset, cum eis aliquanto tempore vixisset Abbatis functus
officio honorifice sepultus est.

Le *Rosetum* devait avoir une quatrième édition, à Milan en
1603, et une cinquième à Douai en 1620. L'auteur avait vécu quelques années au Mont Sainte Agnès avec Thomas à Kempis, et
de là était venu en France avec un petit groupe de ses frères,
réformer quelques abbayes, et en particulier celle de Livry près
de Paris. Dans cette dernière réforme il fut grandement aidé
par l'illustre Standonck, principal du collège de Montaigu, qui
lui envoya comme novices plusieurs clercs désireux de se former
à la vie religieuse par les pratiques en usage dans la Congrégation de Windesheim. Mauburnus mourut à Paris en 1502 (2).

Le P. Possevin dans son *Apparatus sacer,* loue beaucoup le
Rosetum: «*neque enim librum de spiritualibus legi, in quo*
uberior materia, et quasi opulentior thesaurus invenitur » (3).
Personnellement je suis étonné que les écrivains belges l'aient
tant négligé; n'est-ce pas le cas de répéter ici les mots *gens ig-*
nara suorum? Rien à Bruxelles ne rappelle le souvenir de cet
illustre fils de la capitale de la Belgique. J'ai pour mon compte
déjà plusieurs fois signalé les trésors qui se trouvent dans son
Rosetum (4).

---

(2) La vie manuscrite de J. Mauburnus et l'histoire de la réforme de
l'abbaye de Livry se trouvent à la Bibliothèque Saint-Geneviève de Paris.
mss. F. H .40/2.

(3) Edit. *Coloniae,* 1608, T. I., p. 943 au mot *Ioannes Maubernus.*

(4) Voir en particulier *Genèse des Exercices,* p. 52 et p. 61.

Le livre est un vaste recueil de traités (tituli) dont chacun forme un véritable directoire pratique pour ordonner et sanctifier quelque partie de la vie extérieure et intérieure du religieux. La première série de ces traités est symbolisée par la Rose blanche, car on s'y occupe surtout de la vie purgative; la seconde est le domaine de la Rose rouge; dans l'édition de Paris il y aura à la fin la Rose de feu avec l'*Inflammatorium divini amoris*. Partout apparaît l'esprit pratique de l'école des frères de la vie commune et des chanoines de Windesheim; partout l'auteur excite à la réflexion personnelle; toutefois c'est surtout dans la seconde partie qu'apparaissent une série de traités qui fournissent de riches et fécondes méthodes de méditation tout à fait systématisées.

Le *Meditatorium* dont nous allons reproduire une bonne partie ouvre cette seconde série; l'auteur le présente comme étant à la base des autres méthodes particulières qu'il donnera dans ses autres traités: il attribue, il est vrai, cette qualité de méthode fondamentale à une *scala meditatoria* dont il est enthousiaste. : « *Et est haec scala fons et origo omnium positarum vel adhuc ponendarum scalarum, quas virtualiter complectitur et in se tenet. Expedit tamen exinde formare scalas singulis materiis applicables particulares* » (5). En conséquence il la fera suivre de traités, où l'on décrira ces méthodes particulières, ou échelles spéciales : il y aura une méthode pour méditer la vie de Notre Seigneur Jésus-Christ, puis une *scala passionis*, une manière de méditer sur les bienfaits de Dieu, *Beneficiarium*, sur la très Sainte Vierge, sur les Anges, sur les Apôtres, sur les Saints, et enfin sur les grandes vérités.

L'idée de faire des échelles en ascétisme, et en matière d'oraison fut fréquente, même avant Mauburnus, et nous nous proposons de publier plus tard un travail sur les fabricants d'échelles

---

(5) *Rosetum...* f° CXXXIIIv. Litt. U.

ascétiques et mystiques surtout au moyen âge.

Le *scala meditatoria* que Mauburnus recommande a pour auteur Jean Wesselius Gansfort, mort en 1489, élève des frères de la vie commune à Zwolle, et ensuite professeur de littérature dans cette même école. On ne doit pas le confondre avec un autre Jean Wesselius d'Oberwesel (+1481) son contemporain, qui fut condamné par l'Inquisition. Nous ne prétendons pas que son esprit inquiet et changeant le rendit de tout point recommandable; après avoir été réaliste platonicien, il était devenu nominaliste. Cependant ses amis l'appelaient « *Lux mundi* » et avaient confiance en sa foi et en son zèle; il était très lié avec Thomas à Kempis (6).

Les chanoines de Windesheim voyant en Wessel un esprit très inventif, lui exposèrent leurs désirs de trouver enfin une formule de méditation, une échelle de Jacob qui leur permît de faire des méditations fructueuses. Le simple intuitionisme liturgique pendant le chant de l'Office divin était bienfaisant, mais il ne leur fournissait pas assez la précise direction dont ils avaient besoin; il leur semblait d'autant plus insuffisant qu'ils étaient envahis par les distractions; et lorsqu'ils essayaient les méthodes en usage chez eux pour la méditation, ils n'arrivaient pas encore à des résultats satisfaisants.

En conséquence ils demandaient à Jean Wessel s'il ne pourrait pas leur fabriquer une *scala meditatoria*. Celui-ci accepta, et composa pour ses amis du Mont Sainte Agnès un livre intitulé *Tractatus de cohibendis cogitationibus et de modo constituendarum meditationum... cum subjecto exemplari Fratribus in monte D.*

---

(6) C'est donc à tort que l'on veut en faire un protestant avant la lettre, ainsi que le soutient l'auteur de l'ouvrage suivant: *William Gansfort. Life and writings by Edouard. by Edward Waite Miller. D. D. lanslated by Jared Waterbury Scudder.* M. A. Putsmans's sons. New-York. 1917, 2 vol. Voir dans le T. I. p. 128, le cap. *Wessel as a Protestant.*

Agnetis prope Zwollam dedicatus. Ce livre ne fut pas immédiatement imprimé (7) ; mais les frères en goûtaient l'enseignement
pratique pour la méditation. C'est dans ce livre que se trouve la
scala meditatoria dont parlera Mauburnus.

En parcourant ci-après cette méthode, quelques-uns de nos
lecteurs y trouveront plusieurs points de ressemblance avec la
méthode fondamentale dite des trois puissances de saint Ignace ;
nous-même admettons une concordance large. Cependant si nous
analysions la *scala meditatoria* de Wessel dans ses détails, nous
devrions faire diverses réserves.

Toutefois nous reconnaissons que la systématisation de la méditation méthodique de Jean Wessel mérite une grande considération ; elle répond, en partie du moins, aux besoins de ces âmes
qui ne trouvent pas dans la méditation amorphe ou empirique
le secours que leur état spirituel réclame ; mais elle pourra et
devra être perfectionnée par ceux qui seront préoccupés surtout
de trouver dans l'oraison mentale des lumières et des affections
d'ordre pratique pour leur vie ascétique ; ce qui sera surtout le
cas des personnes religieuses que Dieu a placées dans un état de
vie active ou apostolique.

Quoi qu'il en soit de cette *scala,* l'ensemble du *Meditatorium* de
Mauburnus nous a paru très instructif, et nous sommes étonné que
bien peu d'auteurs de livres d'oraison et de méditation aient eu
l'idée d'y aller puiser de sages et lumineux conseils.

---

(7) On le trouve dans *Aura purior. Hoc est M. Wesselii Gansfortij...
Opera omnia. Amstelodami,* 1617.

PROLOQUIUM IN MEDITATORIUM.

Venite ascendamus in montem Domini. (Esaïe. II ca.) Venite (ait Guilhel. Abbas) omnibus derelictis ad contemplationis quietem apprehendendam, ascendamus, etc. Fatuum namque est semper in imis legendo et studendo morari et nunquam ascendere in montem Domini per flammigeras affectiones amoris. Non enim ad hoc animam creavit Deus, ut contra suam generositatem multitudine quaternionum et ovinarum pellium repleretur ; sed ad hoc ut esset sedes sapientie et ipse Rex pacificus velut in solio ei insideret. Sacris igitur meditationibus juxta Prophete vocem in montem Domini ascendamus eumque in nostre mentis apice, velut in solio conseruemus. Et ut volentius prophetice monitioni pareamus atque contemplationis aut meditationis studio sedulius incumbamus, quedam in genere sunt premittenda. Hoc tamen premonitum volumus, nos hic nolle sublimia tradere, et contemplationis materiam explicare, sed tantum de rudi affectiva meditatione qua citius pervenitur ad mystice Theologie arcem, quam si sublimia dixerimus, et altiora. Nolumus item distinguere de contemplatione, meditatione, aut cogitatione, quoniam super his et hujusmodi alii plurimi libri habentur ; nos nostro more practicis dandis insudare tantum oportet. Sed ad premittenda veniamus. Sunt autem premittenda tria :

Videlicet	Sacrarum meditationum introductiva.	ut	Alliciamur
	Meditantium et meditabilium qualificativa.		Instruamur
	Ceterarum materiarum et praticarum recommendativa.		Expediamur

DE INTRODUCTIVIS SACRARUM MEDITATIONUM.

MEMBRUM PRIMUM.

Maria autem optimam partem elegit (Luce. X.) De primo itaque, id est de introductivis et de incitativis ad sacre contemplationis quietem, et sacrarum meditationum studium ; licet sufficiens posset esse incitamentum, verbum illud Domini jam premissum quo optimam dicit Marie (haud dubium, quin contemplantis) partem, juvat tamen sub compendio, ex multorum scriptis inductiva congerere potiora. Et sunt ista.

EXEMPLUM, BONA, PERSUASUM, PRELATA, NECESSE.

Primum itaque inductivum, et ad sacrarum meditationum. studium, mentisque quietem incitamentum est exemplum plurium rerum. Exemplum inquam, rerum naturalium, que omnes suum appetunt et locum, et quietem, et repetunt proprios queque recursus, ut patet in plantis, lapidibus, et animantibus cunctis ; ut habetur in de triplici via. Incitat ad idem exemplum hominum secularium et mundanorum actuum. Unusquisque enim industrius artis appetitor (ut ait in collatione prima Patrum Cassianus) cunctos labores et pericula atque dispendia equanimiter libenterque sustentat, ut patet in agricolis et negociatoribus nam et agricola nunc torridos solis radios, nunc pruinas et glacies non declinans, terram infatigabiliter scindit, et indomitas agri glebas frequenti subigit vomere, sola spe copiosarum frugum. Sed et qui negociationum solent exercere commercia, non incertos pelagi timent casus, non mille discrimina perhorrescunt ; dum ad finem attendunt questus omnia hylariter perpetiuntur. Sed quid de his qui mundialis militie ambitioso cingulo succincti commemorem ? Hi enim dum propositum conspiciunt dignitatis finem, nec inter medias mortes pavent nec belli fragoribus franguntur. Si ergo tot laboribus, tot curis, tot mortibus se agricole, mercatores, milites, seculares tantum spe questus terreni exponant ; pudeat Christi milites, agricolas, servos, quibus eterna reponuntur in celis bona, his fore ignaviores. Quod si jam tertio in medium deduxero Sanctorum exempla, quam illi viriliter egerint, quamque pro contemplationis adipiscenda quiete laboraverint quis, queso, non allicietur ? Quantis annis Jacob pro Rachele servierit omnibus est notum, et tamen omnes dies pauci illi videbantur, pre magnitudine amoris.

Non est hic disserendum de conatu Augustini, Bernardi, ceterorumque in principio conuersionis; ut post amplexus mererentur Rachelis. Horum tantum, et nos exemplis ad hanc contendamus viam.

Alterum inductivum est sacre meditationis Fructus, et Vtilitas. Tante autem sunt hujus utilitates : ut nemo nisi qui gustaverit novit. Vere lignum est vite per singulos menses duodecim afferens fructus. Longum est scribere cuncta. Hec mentes purgat, et excoquit vitia, hec intellectum illuminat, affectum inflammat, hominem deificat, et in terris beatum facit. Hec est enim vita eterna, ut noscant te verum Deum etc. Vere preciosior est sapientia hec cunctis opibus, et omnia que desiderantur, huic non valent comparari. Veniunt enim omnia bona simul cum ista. Si enim divitie queruntur, quid sapientia locupletius ? Unde et ab Aristotele Divina possessio nominatur. Hec enim quietat mentes, miraque dulcedine afficit. Hinc sapientia VIII. Intrans in domum meam, conquiescam cum illa. Non enim habet amaritudinem conuersatio illius etc. Et vite actiue juxta Gregorium magna sunt merita ; sed contemplatiue majora. Et ut paucis agam tenendum cum Gersone, quod vita hec Deo gratior, subiecto proprio utilior, et toti Ecclesie commodosior quam sit actiua. Adeo ut qui bene perpenderet, qualis excellentia sit bonorum spiritualium supra temporalia bona, hic clare cognosceret quod plus prosit oratio deuota unius contemplatiui, quam faciunt centum, et centum vitam ducentium actiuam : ut latius in de Monte contemplationis declarat.

Tertium inductiuum est Persuasum id est, quia in Scriptura sancta, et doctrinis sanctorum crebrius sacris meditationibus insistendum suadetur. Scrutemur scripturas, inueniemus copiosa testimonia horum. Nunc enim expresse ad hoc hortatur. Nunc sub typo Rachelis Marie et Ioannis extollit. Nunc dulcedines narrat etc. Sancti quoque, et Ecclesie Doctores singulariter meditationi sacre et contemplationi incumbendum docuere. Quis oro tractatus omnes in laudem et gloriam comtemplative vite editos enumerabit ?

Quartum inductiuum est Prelata ; id est laus et commendatio, qua vita hec contemplatiua aut meditatiua super actiuam extolli solet. Et certe innumere sunt laudes huius ; sed sufficiat paucas, vel paucis perstrinxisse nobis.

IN DEI CONTEMPLATIONE CLARA EST,
QUE NON MARCESSET SAPIENTIA, NON SIC LYA,
QUE OCULIS LIPPA :

*In mentis illuminatione hec est speciosior sole
et super etc. Rachel enim pulchra facie*
CLARIOR et PULCHRA,
*Quia sedet ad pedes Iesu,
Martha turbatur*
QUIETAQUE,
*Ratione obiecti, subjecti, et modi ;
non habet tedium convictus ejus.*

*Quia Deo intendit qui
est unum illud necessarium*
PERFECTA,
*Et securior amantissimus Domini
habitabit confidenter*
TUTA,
*Permanentior ex sua natura :
Non enim auferetur ab ea :
Charitas nunquam excidit.*

HEC JOCUNDA,   MANENS,
*Quia Dei capacior
et Deum ungit
cum Maria*
DEUOTAQUE,
*Quia convenit homini secundum dignissimam
potentiam, tendens in objectum nobilius*
NOBILIS,
*Paucioribus egens in sinistra
ejus divitie et gloria.*
PAUCIS,

*Deo familiarior ;
Ioannes super pectus
recumbit.*
PROXIMA,
MERITO,

*Magis meritoria quoad
finem quoad premium*

*Preciosior, quia rarior
arca in summitate
angusta.*
CARA,
*Celesti vite similior, ubi
videbimus, et laudabimus,*
ASSIMILIS,
*Nam vita actiua
in hanc ordinatur.*
QUIA FINIS.

Possemus singulas has prerogativas, et sanctorum auctoritatibus, et efficacibus rationibus astruere et declarare ; sed brevitati studendum. Et facile in aliis est has prosequutas invenire ; ut in Petro de Alyaco in suo Compendio contemplationis ; in Dion. Carth. de Contemplatione ; partim in Summa virtutum. Sunt quoque preter has prerogativas et alie plures quarum Gerson quasdam, ut illic est videre, complectitur super Magnificat, ex persona contemplationis.

Postremum (ad hujus sacre meditatiue et contemplatiue vite studium et amorem) incitamentum est necessitas ad hoc impellens. Ipse enim Saluator noster dixit, Porro unum est necessarium. Vere necessarium est istud unum contemplationis et meditationis sacre exercitium ; quo sine (si Gersoni datur fides) vix ad salutem pertingitur. Novit hoc Psalmographus, cum ait, Nisi quod lex tua meditatio mea est, tunc forte periissem in humilitate mea. Imo multi sunt apud quos damnabilis sepe est omissio meditationis sacre, et contemplationis inquirende; cujusmodi sunt, qui gratiam illam a Domino acceperunt, qua periculose contingit abuti ; et cujusmodi Ecclesiastici, Clerici, et Theologi, quibus ex officio incumbit. Et potissimum cujusmodi, qui positi sunt in schola religionis, que est schola devotionis, fletuum, et orationis. Et Religiosi omnes, qui labores populorum in ocio possident : ut vel sic custodiant justificationes Domini, et legem ejus semper exquirant, et ut sint oculi corporis mystici, ceterorum menbrorum opera et illuminantes. et dirigentes. Cum itaque tanta habeamus ad sacrarum meditationum studiis insistendum inductiva, merito ad eam aspirare debet, quisquis aliunde impedimento non impeditur legitimo. Et vere felix nimium ille, et excelsa sorte sublimis, cui datum fuerit vehementer concupiscere, sapienter inquirere, digne complecti vitam hanc beatam. Quem vero hec non mouent, trahunt, deuincunt, retinent, stupidus, frigidus, vacuus et stultus est. Et vehementer Religiosi presertim (ut Dionysius ait) sunt redarguendi, qui cum apta media habent, non tamen ad contemplationem aspirant, etc. Hec de primo.

DE MEDITANTIUM QUALITATE.

MEMBRUM II.

Quis ascendet in montem Domini ? Aut quis stabit in loco sancto eius ? (*Psalm.* XIV.) Viso de sacrarum meditationum inductivis, videndum est de meditantium dispositionibus ; quales scilicet erunt tradentes se vite contemplatiue. Valde enim (secundum Greg. 6. Moralium) inter se diuerse sunt conspersiones animorum. Quidam enim ita naturaliter quieti, ut labori succumbant. Et nonnulli ita inquieti, ut si vacationem laboris habuerint, grauius laborent. Primi igitur aptiores, huic vite se tradere debent. Alii autem, etsi naturaliter inquieti, et huic studio inepti, non tamen totaliter se abstrahere debent ; sed niti et repere quantum poterunt, et nisus talis, et conatus eis perfectio reputabitur.

Porro omnis, qui se huic vite dedere volet has in se conditiones habeat oportet.

SIT PURUS, FERUENS, HUMILIS, TACITUS, FUGE POSCENS.

Primo omnium, qui in montem hunc contemplationis ascendere, et in sancto eius loco stare volet, oportet, ut cordis puritati studeat. Alioquin verendum ne velut bestia tangens montem, lapidibus obruatur. Nam peccata diuidunt inter Deum et nos. Et Jeremia testante prohibent bonum a nobis. Et sapientia non habitabit in corpore subdito peccatis. Qui ergo ad contemplationis quietem, qui ad diuinorum prefulgidas theorias, qui Deo propinquare, verum et in eius monte stare desiderat, a via purgatiua initium sumat, et sic per illuminatiuam ad unitiuam tendat, de quibus tribus viis plura scripta habentur. Unde et Gerson primum gradum contemplationis scale, humilem pœnitentiam ponit, cuius causam plene in libro de Monte contemplationis exponit et explanat.

Secundo feruens, id est, oportet ferueat et estuet ad omnia bona. Et in primis faciat facienda, et toto nisu semper acceleret, dum tempus patitur pasci et lactari uberibus sacre meditationis. Esurientes enim impleuit bonis. Qualis autem hic feruor erit, pulchre docet Gerson, ubi supra. Hic tamen industriam et discretionem oportet adesse, temperantem fervorem : non enim stabiliter et sine cessatione contemplationi inherendum. Nam hoc vetant primo anime in sua natura instabilitas, secundo corporis infirmitas. Decies enim mille (teste Platone in Phedone) nobis vacationum impedimenta inde proveniunt. Tertio objecti excellentia : nam ad ea, que Dei sunt, contemplanda, habet se oculus noster, sicut oculus noctue ad splendorem solis. Sunt et multa alia, que transimus.

Tertio humilis, id est, opus est summa humilitate ; ne sapiat altum, sed timeat semper. Super quem enim respiciet, nisi super quietum et humilem ? Et iam surrectus observet, ne grauior sit (si euenerit) casus, et dicat, Elevans allisisti me. Si constitutus es in lecto contemplationis ociose, et noueris mysteria omnia, si posueris in cœlo nidum, si caput tuum tetigerit nubes : tu ad vnum flatum superbie, reprobus, detraheris in abissum, et tanquam sterquilinium perderis ; dum alter humiliatus celos ascendet.

Quarto tacitus. Licet enim omnis discipline obseruantia requiratur ; tamen singulariter taciturnitatis religiositas meditatiuos decet. Unde Gerson dicit, Addam inquiens expertus, quod nihil ferme quieti mentis, et contemplationi plus insidiosum, nihil ita pretiosissime rei, scilicet temporis consumptiuum, nihil postremo perfectioni Religiosorum aliunde probatorum plus obuians, quemadmodum colloquia, non solum praua, que corrumpunt bonos mores ; sed illa etiam, que superflue diuque protrahuntur, aut super rumoribus vulgo volitantibus, aut super ludicris pluribus, aut ceteris, quibus dies sensim atteritur; per que dum se oblectauerint, vel ignauie, vel indignationi, vel fastidio suo mederi putantes, inquietiores et mente dissipatiores remanebunt. Fallor, si unquam in montem Domini, in arcem contemplationis ascendet, qui non ad vaniloquas hujusmodi fabulationes, factus fuerit sicut homo non audiens, et sicut mutus non aperiens os suum. Fuge igitur, tace, quiesce cum Arsenio, cum Iesu et Moyse ascende solus in montem ; cum Ioanne in deserto mane ; cum Maria in cubilis secretario ; aut cum Isaac solus egredere, meditari in agro. Solitudinem enim et quietem vita hec amat. Quinto, oportet obstacula et impedimenta fugere, quisquis in meditatiuo et affectiuo studio proficere volet. Sunt autem a dextris et a sinistris hostes, laqueos et tendicula tendentes ; ita ut horum non sit finis. Videatur Gerson in de Monte contemplationis ; item summa virtutum ; et Petrus de Alliaco ubi supra. Necessaria est perseuerantia fortis, et longanimitas assumenda : Oportet enim perseueranter et instanter post repulsam persistere. Vult nos Deus laborare : ut eius coadiutores simus. Qualiter enim implebimus; non tentabis Dominum Deum tuum, si laborem, diligentiam datam humanitus deserentes, solum diuinitus adiutorium prestolemur ? Certe qui perseuerauerit solus salvus erit.

Oportet item superfluas occupationes summe vitare, Scribe sapientiam, ait Sapiens, in tempore ocii : Nam qui minoratur actu percipiet eam.

Propterea sint in paucis actus tui ; si studere vis bone menti, quam nemo occupatus si creditur Senece inuenit. Non potest alligatas habens alas auis, vel illitas visco, vacuas se ferre per auras. Omnis ergo cura et sollicitudo pro statu vitanda.

Postremo semper orare et nunquam deficere oportet

QUALIA SINT MEDITANDA. § I.

Noli altum sapere, sed time (Rom. XI.).

Hec meditare et in his esto (I. Thim. IV). Nunc de meditabilium videndum est qualitate. Non enim passim queque nobis, nobis, inquam, Deo deditis meditanda proponuntur; sed ea que precepit Deus oportet cogitare semper, qualia sunt deuotionis et compunctionis administratiua. Non enim vult Apostolus nos altum sapere ; sed humilibus assentire eaque meditari, et in illis esse.

Nam et quod compunctiuis et affectuosis potissimum sit immorandum meditabilibus ex multis patet scilicet.

OFFICIUM PETIT ; EST SUASUM ; DECET ; UTILE MULTUM.

Primo inquam officium et status Monasticus id exigit et requirit, vt compunctiua meditemur. Quod Monachorum officium sit, nemo ignorat, qui Climachi diffinitiones legit, vbi dicitur, Monachus est merens et dolens anima, etc. iugi meditatione mortis se exercitans, dormiens et vigilans. Et Hieronymus, quod officium Monachorum sit flere et lugere. Et quam sit necessarium et utile compunctiuis insistere plures libri, ut qui intitulatur, Homo quidam, et patrum collationes docent. Secundo suasum id est, Scriptura sacra curiosis insistere, alta rimari plurimum dissuadet ; e regione suadens humilibus consentire ; ut patet ex toto ejus decursu. Quanti autem Doctores idipsum persuadeant, ut deuotioni ceteris sepositis insistamus, non facile est numerare. Hoc Augustinus, hoc Hieronymus, hoc Patres heremicole suos edocuerunt, qui nec sermonem quidem, nisi de passionibus, admisisse leguntur. Hoc Bernardus et ceteri docuere. Gerson conclusionem hanc familiariter versat, quod religio scola sit magis affectus, quam intellectus, et idcico affectuosis conuenit studiis, et meditationibus insistere illic. Patet in tractatu de libris a Religiosis studendis deductio huius. Hinc et Dominus Ioannes Scoenhouie in sermone capitulari Vvindesemensi assentitur, dicens, quod Religiosi qui in scola orationis, deuotionis, atque fletuum positi sunt, mystice Theologie potius quam speculatiue, aut litteratorie insistere habent. Nam litteratoriam mundi edocent Doctores ; sed mysticam Dei spiritus docet et cetera. Ergo secundum eumdem patet, quod non possumus melius habere studium, quam ut nos totos in Deum per pias meditationes, et flammigeras affectiones, conuertamus. Veram enim scientiam ait Bernardus non docet lectio sed unctio; non littera, sed spiritus; non eruditio sed exercitatio in mandatis Domini. Si Paulo satis fuit Iesum, et hunc crucifixum scire inter infirmos ; quid nobis restat amplius inquirendum, donec crescamus ? Sapientia enim crucis Christi omne arcanum aperit increate sapientie. Satis ergo nobis erit, et in hoc tractatulo, vel secunda hac parte, solum deuota et affectiua meditabilia tradidisse. In his vita constat. Eia igitur, o amantissimi, charismata hec meliora emulemur ; et non inutili illi curiositati, multos libros legendi, et plures quaterniones euoluendi, nos immergamus ; sed ad veram sapientiam, ad affectuosa hec et huiusmodi nos meditabilia conferamus, ex quibus cor nostrum conualescat, et diuine charitatis igne succendatur. Amor enim scientie prestat, que est verum sanctuarii pondus, quo premium mensuratur eternum. Unde erit et mutatio dextre excelsi,quod in futuro plures simplices et idiote doctioribus doctiores, et in contemplando Deum acutiores erunt. Nam affectiua hac scientia qui docti fuerint, et qui docibiles sunt Dei, hi sunt qui fulgebunt ut stelle. Et quia suo exemplo ad iustitiam erudiunt multos, et efficacius quam plures verbo, ergo in perpetuas candidiores fulgebunt eternitates. Abeant ergo curiosa, vana omnia absunto.

DE INDUSTRIIS MEDITATIUORUM. § II.

SI DIREXERIT HOMO AD DEUM COR SUUM SPIRITUM ILLIUS ET FLATUM AD SE TRAHET. JOB XXXIIII.

Nunc de quibusdam laudabilibus industriis quibus homo ad contemplationis theoricum culmen disponitur et adiuuatur, dicendum. Quamuis enim Deus quandoque gratiam prestiterit quibusdam, etiam indispositissimis, sua gratia preuenerit, affecerit, inuitauerit ; regulariter tamen, communiterque loquendo, ad gratie susceptionem preexigitur, quod homo faciat quod in se est, ad illam se aptando, et preparando ; et sic Deus eam illi largitur. Hinc crebrius ad hanc preparationem hortatur Spiritus sanctus, iuxta illud Zachar. 1. Conuertimini ad me, et conuertar ad vos, et Jac. 4. Appropinquate Deo et appropinquabit vobis. Patet ergo quam nostre industrie laborem requirat. Nam licet humana industria per se non sufficiat, non tamen penitus est abjicienda. Dei enim coadiutores se suosque vocat, non compulsores, aut preuentores. Sit igitur labor noster, sit industria, sit conatus plantans et rigans : Incrementum vero, quasi vivificum, superinfusamque virtutem donet Christus, a quo petatur humiliter et expectetur confidenter. Nemo torpeat, sed satagat, enitatur ; qui capit capiat, quantum labor requiritur. Si nihil absque labore dedit Deus mortalibus (ut poeta ait) pudeat pro tanta re non laborare. Industrias igitur quisque assumat. Plures plures tradiderunt industrias quas longum est commemorare. Tradiderunt dispositionem ab intra, per Dei et sanctorum inuocationem, et proximorum compassionem. Ab extra item quoad alimentum, situm, tempus, modum etc. Sed hec in Gersone, et in de triplici via, et in Dionysio Carthusiensi abunde inueniuntur.

Ex multis pauca colligimus, et tria potissimum necessaria dicimus meditanti. Scilicet :

Corpus, quoad tempus, locum, et situm disponere.

Determinata puncta habere.

Praxim et modum cognoscere.

Primo igitur omnium qui se meditationi tradere desiderat, oportet ut

semper Dei, et sanctorum inuocato auxilio, de certo tempore sibi prouideat, et illud sibi prefigat. Licet enim mens in Deum semper sit bonis
meditationibus suspendenda, oportet nihilominus (juxta Hieronymum) ut
homo sibiipsi certas aliquas deputet horas, quibus singularius animum
exerceat, scopendo pariter et meditando. Optima enim ea gubernatio est
(teste Aug.) ut omnia suis temporibus queque distributa ex ordine gerantur.
Quale autem tempus meditationi opportunius sit, non facile est diffinire.
Suus cuique mos, et quisque suo sensu abundat. Tantum precaueatur, ne
tempus meditationi ncn deputetur. Plurimum enim expedit, ut unum
quodque virtutis opus suo continuetur tempore, quatenus actus in habitum
versus, et delectabilius frequentetur, et ne aliquando intermittatur. Plerique
tamen in hoc conueniunt, quod nocturnum tempus opportunius sit meditationi : Unde scriptum est : et nox illuminatio mea in deliciis meis. Item-
que Serotinum et matutinum : Exitus, inquit, matutini et vespere delec-
tabis. Nullum tamen tempus prefiniendum Deo. Temporibus quoque
sacris et sanctorum festis (ait Gerson) quis dubitat copiosiora solere iufundi
gratie munera deuote meditantibus ? Tunc enim in die bona ad Deum
venimus ; tunc fiducialius dicimus Sancto, Prospera diem tuum trium-
phalem. Tunc copiosiores charismatum mice a mensa decidunt beatorum
conuiuarum, mendicantibus erogande : ut patet etiam in mundo isto.

Deinde et locus idoneus est contemplatiuo eligendus : Unde preter ea,
que ex constitutione in ecclesia sunt dicenda, aptior ad vacandum locus
est solitudo, seu locus secretus et quietus, in quo homo libere se coram
Deo, statuere potest. Hinc Christus ascendit solus orare in montem
(Matth. XIV) non sui indigentia, sed eruditione nostra. Hinc cum ora-
ueris inquit intra in cubiculum et claude ostium. In publico enim impedimenta vane glorie et tumultus occurrunt. Homini tamen exercitato omnis
locus aptus : Intra enim se solitudinem sibi gestat.

Docet quoque Doctor eximius Guillielmus Parisiensis, quod corporis
debita ordinatio, multum prodest meditatiuo : Unde et quisque prouidus
erit quoad corporis situm. Inuenimus autem multiplicem orantium situm
in scripturis expressum scilicet :

<table>
<tr><td>Erectus, vt Moyses
STANS,</td><td></td><td>flexis manibus leuatis, Salomon
GENIBUS</td></tr>
<tr><td>ad pedes Magdalena
PROSTRATA,</td><td></td><td>eadem ad pedes
SEDET,</td></tr>
<tr><td>procidit in faciem
Iesus
INCIDIT,</td><td>manus in cruce,
Iesus et Sancti.
EXERIT</td><td>facie versa in celum, Apostoli
in ascensione.
ALTO.</td></tr>
</table>

Illa autem inter has situatio efficacior estimatur, per quam ad deuotionem acquirendam et conseruandam homo magis disponitur. Que secundum Gersonem, est sessio vultu verso ad celum. Sedendo et quiescendo enim, fit anima prudens. Iuxta Guilielmum Parisien, est accubitus ad appodiaculum ex parte sinistra, quia sic cor quietatur.

Dionysius autem Carthus. retur quod aptior situatio est statio cum eleuatione oculorum in celum, clausorum tamen, ne phantasmata hauriat. Sed suus cuique mos est, nec voto viuitur uno. Sic quisque se disponat, quatenus corporis dispositio interne actioni correspondeat semper. Unde in meditando vel flendo pro peccatis alia dispositio erit. Tunc enim more publicani forte terram respicere habet, nec oculos, nisi tenuiter eleuare in celos. Quando autem de regno, stet facie versa ad celum. Quando de passione, interdum brachia in crucis modum extendere potest : sicut Bonav. et Bernardinus agere solebant. Et licet quibusdam grauis sit dispositio corporis, et continentia hec in certo loco, ita quod paruus infernus eis est, vel quiescere parum ; si tamen ad gustum internum quandoque pertingere velint, oportet ut violentia leuitates corporis et instabilitates dediscant.

Hee industrie posite multum conferunt meditatiuo.

Sed caueat quisque, ne cum aliis vel inter alios existens, singulariter se habere velit. Diligentissime cerimoniales obseruantias obseruet, aliis se conformet cum aliis existens ; alioquin ve illi, per quem sua singularitate scandalum venit. Caveat esse ferus singularis. Qui facit quod nemo, mirantur omnes. Omnis singularitatis nota vitanda.

DE PUNCTIS DETERMINATIS NECESSARIIS MEDITANTI
MEMBRUM III.

..*Meditatio cordis mei in conspectu tuo semper* (psalm). *In omnibus viis tuis cogita illum*. Qui semper meditationem suam in Dei conspectu esse volet, qui in omnibus viis cogitare illum, huic nulla tam industria conducibilis, quam certa et determinata de variis materiis habere puncta. Hinc Cassianus suadet, ut aliquod sacrum fixe infigatur menti, quod semper inspiciat et intendat ; quotiesque ab illo se viderit elongari, doleat, et aciem mentis reflectat ad illud, satagens in eodem perdurare. Alioquin facile cor quibuslibet occurrentibus adheret, si certis non sit quibusdam punctis affixum. Hinc docet autor de triplici via, et suadet spiritualia fercula multiplicare, ut sic sint promptuaria plena, eructantia ex hoc in illud, ne unquam nauseat super aliquo cibo, ex eiusdem continua aut diuturniore replicatione ; sed mox cum se in uno deuotionis exercitio sentit lassari, ad aliud deuotionale se conuertat ; ut si in diuinitatis contemplatione iugiter figi non valet ; jam de Christi vita et coeli gloria aut alia meditanda assumat. Solum obseruet, ne locum pre instabilitate mutet, et ad vana, ad lectionem tunc confugiat.

Oportet ergo, ut de certis et deuotis materiis quisque prouideat subi, quas vbi habuerit, oportet vt super singulis meditabilia puncta sibi aggreget et multiplicet, vt sic singulis immorari possit et semper, que circa singula meditari debeat, noscat. Et hoc magister Ioannes Nyder docet in suo Alphabeto amoris, allegans Cancellarium Parisien. Ioann. Gerson, scilicet, qui suasit abundantiam colligere punctorum per que se semper homo, et in meditatione stabilire et inflammare possit. Vere beatus vir qui impleverit pharetram suam (secundum translationem Hieronym.) ex ipsis, non enim ceterorum more, vane, vage, fluxe, jactabitur in sua meditatione. In omnibus viis suis presto erit cogitare Deum, semper meditatio sua in conspectu eius. Puto enim ad excludendam et prohibendam fluctuationem cogitationem, et ad stabiliendam meditationem tam vtile esse nihil, nullumque efficacius remedium posse adhiberi, quam habere abundantiam huiusmodi punctorum ad manum. Nam licet in eadem rediu non poterit quis morari, licet non rem profundare no~~t ; supplebit tamen punctorum abundantia. Et licet non de una re diu unum; de una tamen multa poterit cogitare, donec exercitatior factus, etiam commoratior et profundior speculator fiat. Unde memorabilis ille dictus Ioannes Nyder, has vtilitates non ignorans, formam tradidit quandam, plura puncta de materiis aggregandi, secundum ordinem alphabeti : ut patet in libro suo alphabetico, qui modus vere laudabilis, atque pietatis sue labor non aspernandus. Verum quia in illo nullus ordo, nisi alphabeticus inuenitur, ideo et minus est doctrinalis, et difficilis retentu. Quare nos eius institutis edocti, puncta quedam super quibusdam materiis collegimus in hoc nostro opere et alibi ; sed non forma, nec ordine ipsius. Collegimus quippe secundum considerationes varias de una materia habiles, et in versus redegimus ea ; ita quod et ordinatiora, latiora et ad retinendum multo sint faciliora. Quare autem sub versibus posuimus, in prime partis, initio puto declaratum.

Cur sub rosariis tradantur punctuli. § primus.

Quod si quis inquirere pergat, quare sub quinquagenario, per modum scilicet Rosariorum, hec meditabilia puncta plerumque complexi simus, paucis accipiat rationem, mysteriis huius numeri omissis, que omnis ecclesia nouit. Triplicique ex causa id sciat actitatum. Primo ne punctorum multitudine obrueremur. Secundo ut sic facilius sub certo numero positorum rememoraremur. Tertio, ut crebrius in his exercitaremur; ut scilicet dum meditari hec puncta piguerit, vel saltem per modum Rosarii cum angelicis salutationibus hec legeremus, et sic per orationem ad meditationem disponeremur. O practicam felicem ! o exercitationem sacram, in contemplationis culmen introductiuam ! Nouimus unum, cui puncta hec ad manum erant, qui antequam hec illi fuissent, rudis et fluxus meditatu erat ; sed per exercitationem hanc, scilicet legendo ea per modum Rosarii ad hoc usque succreuit, vt et ea memoriter teneret, fixe magis meditationi insisteret et in meditando pariter, et sermocinando, ante tempus quam materia ei deerat semper. Semper eius meditatio in conspectu Dei. In omnibus viis cogitabat illum ; imo et inter medios laborum rumores, suis secum versibus huismodi sive Rosariis meditabatur. O ter quaterque beatos, qui huius fuerint sectatores. Nemo se excuset: facilis is modus est, et omnibus ad manum. Ideoque etiam per modum Rosarii posuimus, ut virginem honoraremus, que modum hunc primitus inspiravit.

DE MODIS ET VIIS MEDITATIONUM.
CAPITULUM III.

Viam sapientie demonstrabo tibi (Prov. IV.) Postremo, et maxime meditari volenti, opus est cognoscere praxim et modum, et vias quibus intendere debet. Ut scilicet noscat et modum initiandi, progrediendi, et terminandi. Imperfecte enim scientie est (texte Ambrosio) scire quid agis, et nescire quomodo agas. Et, modo ignorato, parum cetera prosunt. Huius ignorantia plures a meditando impedit, retrahit, et auertit. Ita quod plerique cum meditari ceperint, mox ad alia queque se diuertant, eo quod procedendi modum et viam ignorant. Unde summopere de huius practica inquirendum. Et primum quidem varias Sanctorum assignabimus vias ; deinde scalam ponemus directiuam.

Nec objiciat velim quisquam, quod vanum sit inquirere ista, eo quod unctio doceat de omnibus. Fateor verum verbum, vere ab unctione docebitur, quisquis ejus capax semper est. Sed respondeant mihi, quid ubi non fuerit unctio ? Quid quando Dei mirabili dispositione celum eneum et terra ferrea ? Quid tunc agendum ? Num abstinendum ? num torpendum? An non est unctio, que certas practicas docet ? Nonne nostri industriam laboris exigit Deus ? Qui hec dicunt, signant se foris effusos, interioris hominis indispositiones, et naturam ignorantes. Nil placet nisi ordinatum, nam et sine ordine conditum nihil.

Sed iam ad destinatum veniamus, primumque viam Augustini videamus.

Augustinus in libro de quantitate anime hos gradus docet contemplationis,

Id est ex sensibilibus incipere.
SENSUS,
Virtute ornare.
VIRTUS,

Industria procedere.
ET ARS,
Omnia excludendo pergere.
TRANQUILLA.

Aspectum in videndum dirigere.   Videre veritatem, hic manere
    INGRESSIO,   TEMPLOR.

Ponit et alios modos ; sed longum est ponere omnes.

Bernardus ponit scalem quatuor graduum, quam alii plures sunt secutis:
ut Magister et Dominus Petrus de Alliaco, in suo de contemplatione, et
Carthusiensis quidam.

Et est hec.

Primus gradus lectio   Secundus meditatio
    PRIMO LEGAS.   MEDITANS.

Tertius oratio.   Finis est contemplatio
    POSCAS,   TEMPLAREQUE FINE.

Ad fratres de monte Dei, alios octo ponit, magis preparamenta, quam
gradus. Est liber satis pro sui dignitate vulgatus; qui scire volet, videat
ergo illic.

Origenes ingeniosissimus super Cantica quinque ponit, qui sunt abso-
lutio, affectus, continua conjunctio intellectus, eorum proportionata com-
mensuratio, mentis coniunctio, uniformis fixio. De his nil dicimus, supra
nos est ingenium ejus.

Hugo de sancto Victore venerabilis ponit, meditatio, speculatio, contem-
platio. Similiter et eius discipulus Richardus, de quibus pulcherrime, et si
Gersoni creditur, pre ceteris magistraliter in suo de contemplatione idem
Hugo egit.

Doctor deuotus Bonauentura plures gradus et varios in variis opusculis
ponit : ut patet legenti illos.

Transimus vias et gradus Divi Dionysii, Vercellensis Guidonis, Ioannis
Ruysbroeck viri anagogici, et plurium aliorum, quoniam alti sunt, et inimi-
tabiles nobis. Venimus tandem ad Cancellarium Parisiensem Iohannem
de Gersona, et quas ipse tradiderit vias assignamus. Tradidit siquidem
Doctor iste insignis inter cetera contemplatiue instrumenta, scalam quandam trium graduum, necessariam, ut ait volenti pertingere ad montem et
fructum contemplationis. Et est.

Penitentia humilis primus gradus, quo quis in se amorem mundanum cum desideriis pravis mortificat etc.

Silentium et locus secretus secundus gradus, in quo anima languet, et non vult recipere consolationes mundi, sed expectat diuinas.

Perseverantia fortis tertius gradus, et ponit hominem in altitudine contemplationis, sine qua nunquam pertingitur illuc; et quia plures in hoc gradu deficiunt iam raro pertingunt ad optatum. Nam similes sunt montem volentibus ascendere ; sed inuenta difficultate, mox rursum descendentibus, et ideo non peruenientibus, etc. Item similes sunt volentibus struere ignem de lignis humidis, que cum non statim arserint abscedunt. Oportet ergo fortiter insistere, et gratie expectare aduentum. Nam sic conantes magis merentur, quia quodammodo Deo serviunt suis expensis propriis etc.

Docet idem venerabilis Doctor fabricare alas, de quarum forma et modo jam ante habitum est.

Tradit et alium modum fabricandi contemplationis montem, in eo constituens tria habitacula passim ascendenda. Habitaculum bassum in pede montis, ubi imaginetur fides hospitata, que ostendit homini horribilia, et pericula maris, unde oritur in anima timor, quia conspicit iudicia Dei terribilia contra peccatores : Et in hoc hospitatus potest memorari omnia incussiua timoris, ut peccata, penas, mortem.

Habitaculum medium, in quo locabitur spes, homini fiduciam tradens ne desperet : Et hic meditanda omnia, que subleuant spem : ut Dei misericordia, Christi passio, beneficia, etc. Habitaculum supremum, in quo charitas demoratur ; ubi sunt inflammatiua amoris, ut Dei bonitas, charitas, gloria, promissa, et huiusmodi, etc.

Hec ex Doctoribus sumpta, de viis contemplationis ; sed patet intuenti, quod hec omnia instrumenta magis sunt, ac vie et preparamenta ; quam practice procedendi in meditando.

Unde nec sufficiunt modum inquirenti quem tamen alter quidam nostri temporis Doctor tradidit sub scala sequenti.

PROLOGUS IN SCALAM MEDITATORIAM SEQUENTEM.

Vidit Iacob scalam stantem super terram, et cacumen illius tangentem celos etc. Genes. XXVIII.

Hanc scalam contemplationis, aut sacre meditationis typum pre se ferre, et significare, plurium Patrum vetus traditio edocuit ; que ab imo incipiens, in Deum usque mentis obtutus attollit. Nam (beatissimo Gregorio teste) ordinatus contemplationis processus est, ut mens primum sese ad se colligat, quasi incipiens de terra ; et sic ad se recollecta per intermedios gradus, ad creatoris contemplationem, quasi ad celi verticem conscendat. Quis autem modus in procedendo obseruandus, aut qui sint hi intermedii gradus, qui ad celos ipsos, imo (ut verius loquar) ad celorum ipsum Dominum, suum meditatorem deducant, non palam traditum inuenimus. Hic enim labor, hic nexus est quem vix quispiam aperte tradidit aut dissoluit Doctorum. Tanta namque hic difficultas, tanta pro diuersitate hominum varietas in practicando doctrinam vere, sancteque meditationis, quod etiam limpidus ille et practicus meditator Ioannes de Gersona hic trepidet, adeo ut dicat, tanto se hinc inde quandoque dubio fluctuare, et an silere, vel aliquid scribere consultius sit, non satis se scire, ita quod non nisi pauculas practicas et cautelas meditatiuis posuit. Progressus autem certos, non nisi exemplares tantum tradidisse inuenitur, quos tamen necessarios plurimum dicit. Et ad eos tradendos sui temporis Theologos exhortatur, pia inuectiua obiurgans, qui nullis se practicis accommodant inueniendis, dicentes : Sciemus talia cum voluerimus ; cum nil scitu difficilius et utilius, aut necessarius nihil. Modo enim et via ignoratis, ad terminum vix peruenitur, ut latius supra est deductum.

Cui malo quidam occurrit Doctor vir quidem nostri temporis doctissimus, qui scala sua meditatoria viam sapientie mensurauit, plenum tradens per eam meditationis modum; quippe exordiendi, procedendi, terminandique praxim ; ita quod scala illa omnem superat laudem. De qua tamen scala, si quid impresentiarum ponendum sit, dubius agor, quia paucis non potest absolui. Verum, dum e regione huius utilitatem, necessitatem, quantum item contulerit, perpendo, mihi aliisque quibusdam, non possum (quin pauca, tametsi balbutiendo de ea eructem,) transire, ut dum in lucem venerit, omnes contendant ad illam. Tria igitur de ea dicenda. Primo commendanda, secundo praxis ponenda, tertio declaranda.

COMMENDATIO SCALE SEQUENTIS
EX VTILITATIBUS. Cap. I.

Lignum vite est apprehendentibus eam. Prouerb. III.

Pauca pro scale meditatorie commendatione dicturi, hoc primum dicimus, quod omni est superior laude : prout in ea exercitati facile assentiri norunt. Huic enim scale si hereamus, et per eam rite ascendamus, non fluctuabimus, nec incerti huc illucque iactabimur, et raptabimur. Nihil enim (ut ad ultimum dicatur) ita fluctuationem prohibet, nihil ita meditationem destinat, nihil ita stabilit ; ut amor mundus, et ordo iste scalaris. Huic scale si hereamus,inquam, in omne promouebimur bonum. Hinc enim vilium rerum simulachra veterascent, obsolescent, contenebrescent, cum de rebus magnis, et amari dignis stabiliter per hanc meditatur. Hinc viuifici amoris excitatur scintilla, quam si quis fomentis nutrire pergat, in magnum erumpere rogum videbit. Hinc sapientie sementis, quam si colat, et excolat, messem in magnam germinabit. Hinc suauitatis ille gustus, quo sentiat de Domino in bonitate, et gustet iam non modo quoniam suauis est Dominus ; quam dulcia eloquia eius, quoniam suaue iugum eius, et cantabiles iustificationes eius, verum ut ruminans et gustans esurire incipiat, sitiat, amet, amore langueat in Deum, unde omne bonum. Mallem ego absque ulla consolatione sacra ista siti et fame concupiscere et feruere ; quam cecus, ebrius, temulentus, egyptiorum et babyloniorum sordibus volutari. Velut enim si de aulico nitore subulcos consulas, ac de philomenarum, alaudarumque concentu palustres ranas interroges, et iudicium expectes, quibus nulla melodia ut suum coax in pretio est. Et sicut Aquila, quantumlibet in altum volatu libero, limpido contemplatu celum obeat, nulla ea noctuis, nicticoracibus, vespertilionibus gloria estimatur. Sic animalibus, et in carne seminantibus hominibus, omnes veri hominis, hoc est interioris, mortui sunt sensus ; ut non sapiant que Dei sunt, quo fit ut de veris bonis ita iudicent, quasi non sint. Hoc enim omnibus innatum hominibus, ut itidem iudicent de his que non videntur, ut de his que non sunt. Nihil igitur mirum, si scale huius fructus non sentiant omnes, si non placeat uniuersis. Perstent, perstent nostri scaliste, qui ascensiones disposuerunt in corde qui tametsi primum laborent, non mox fructus degustantes, confidant nihilominus. certi quod labor in quietem et in gaudium conuertetur mœror. Dulcia non meruit, qui non gustauit amara. Venient, venient dies illi, quando incipient apparere thesauri, et acerui frumenti, vini et olei, in terra fluente lac et mel ; ut sedeant in pulchritudine pacis, in tabernaculis fiducie, in requie opulenta, et tunc gaudebit cor eorum.

Tacemus quomodo scale huius exercitatio augeat, facilitet, locupletet, vigoret, confortet singulas partes mentis. Mens enim commemoratione, consideratione etc. ditatur. Suis etiam gradibus intelligentia dirigitur, ducitur, illustratur et confirmatur. Purgatur amor a contrariis colluuiis, fit voluntas liberior et liberalior in bonum. Adeoque mens locupletatur, ut quemadmodum ex horreo diuitis patris-familias, de quibus velit fructibus, mox presto presentare valebit. Datur enim huius scale ascensionibus totus sacrorum eloquiorum campus excolendus, velut Ade paradisus : in quo passim et sparsim omnium florum fragrantia, omnium frugum fertilitas, vt quisque prout destinauit in corde suo, que volet deligere, colligere possit et conseruare, commemorare, considerare, diiudicare, ruminare, etc. Quam sanctam rusticationem Cicero si vidisset grauius dixisset : Omnium rerum ex quibus aliquid exquiritur, nihil est agricultura melius ; nil liberius, nil dulcius, nil homine libero dignius. Verum hoc quidem in his, que externa bona censentur. Nostra autem in hac scala rusticatio, tanto fecundior atque prestantior, quanto diuina prophanis, eterna secularibus, celestia terrenis, carnalibus spiritualia preferenda sunt. Fac igitur te diligentem in hac scala agricolam, sedulum sollicitum vigilem studiosum exhibeas ; non paruus fructus eruendus promittitur. Reposita enim colenti et rusticanti tibi certa salus, et ea salus qua regnum in horrea referas. Grandes igitur scale huius fructus.

Verum non modo ex fructu scala hec commendabilis redditur ; sed et ex aliis multis; puta ex subjecti et objecti in quo exercetur, et in quod erigitur dignitate. Item ex copie multitudine, quam transimus. Precipua tamen exinde laus huius scale colligitur ; quod omnium fere sanctorum exercitia, per Scripturam sparsa, complectatur et comprehendat. Quod sic est videre. Hec enim scala in primis iuxta Domini doctrinam orare docentis, sed a querendo incipere precipientis, eum ducem et ductorem constituens, querit.

Hec secundo Cum filia Sion a sordibus Egyptiorum se excutit.

Hec tertio Iuxta Prophetam, ut os Domini fiat, pretiosum a vili deligit.

Hec quarto Iuxta Domini preceptum pignus amoris relinquentis Commemorat.

Hec Iuxta Sapientis monitionem, proposita Considerat.

Hec Cum Paulo considerata Dijudicat.

Hec Cum Maria matre Dei confert, et in corde Conservat.

Hec Cum animalibus (iuxta legem) mundis Ruminat.

Hec Cum viro secundum cor Dei, quoniam suauis est Dominus, Gustat.

Hec Cum eodem in atria Hierusalem, Esurit et concupiscit. (Ps.83).

Hec Cum eodem incolatum luget, et cum Hieremia in threnis querulatur et plangit (Ps. 119).

Hec (ut ad summam dicamus) postremo, cum sponsa in Canticis amat, inardescit, estuat, amore languet, donec sacrum attingat amplexum. Quid igitur hac scala dignius ? quid jucundius ? quid sacratius ? Quis ergo ad hanc non aspirabit ? Nam dum uno hoc exercitio insistit, Sanctorum complectitur exercitia uniuersa. Vere igitur amplectenda scala, et utrisque amplexanda brachiis. In cuius et laudem hoc quidam dedit epigramma.

> Hec resonat se scala suis resonantibus odis,
>> Multigeno fœtu turgida vernat ouans.
> Floccida corda domat vel marcida prorsus opimat,
>> Affectus laceros colligit occiduis.
> Hec mentis nevum vegeto medicamine curat,
>> Quam volucrem superos cogit adire polos.

O sacra scala Iacob claris celebranda camenis
Tu decus egregium, laus tibi nulla sat est.
Virtutum germen, paradisus delitiarum
Roscida scala, plue pectora sparge mea.
Hanc frater gerito vigil alta mente repostam
Qua poteris facile scandere regna Dei.

Pergradus ascendebaur in templum (Ezechiel). Quid aliud hoc templum ; nisi contemplationis summitas, in qua contuetur Deus ? Et quid est in illud per gradus ascendere, nisi per ordinatam contemplationis seriem, ab imis ad summa contendere ? Hanc itaque ordinatam contemplationis seriem, seu scalam posituri, in hoc lectores commonitos velim, quod non tam ponere, quam tangere eius processum, paucis pro presenti velimus. Quippe cum nec hanc nos perfectam abs suo auctore susceperimus, et amplioris voluminis modum scala hec, pro plena sui declaratione exigeret ; utpote que omnium rhetoricorum instrumentorum copias, locos, et colores complectitur : vt prolixum esset demonstratu. Solum, itaque scale huius gradus nos tangemus, ut occasionem ordinati processus deuotis et meditatiuis administremus. Qui ordinatus processus quantum conferat, experienti patet.

Omnia enim cum ordine fieri Apostolus voluit ; imo sine ordine summus Deus nihil fecit, nihil sine ordine quietum, decorum, perfectum esse potest. Scala autem hec ordinat. Ordo germana coniungit, unit et ligat.

Germana mutuo iuuant ; iuuantia confortant ; sicut e regione inordinatum et inconcinnum omne, dissolutioni est proximum, inualidum et dispersum. Et sunt scale huius tres principales partes, quarum prima complectitur gradus ad meditandum preparatorios. Secunda, gradus in meditando processorios. Tertia, terminatorios ; vt ex signatura patet. In processu quoque optimus est graduum ordo, secundum tres anime vires, aut potius secundum harum virium actus. Nam sicut naturaliter memoria intelligentie preest et volitioni; sic et hic gradus monitionis precedunt gradus iudicii et motionis. Impossibile enim est affici aut moueri, nisi ante intellexeris, et iudicaueris mente et intellectu.

INCIPIT SCALA MEDITATORIA. CAPUT SECUNDUM.

PER GRADUS ASCENDEBATUR IN TEMPLUM.

MODUS RECOLLIGENDI.

QUESTIO,   Qua scilicet, quisque a se requirat ₁ Quid cogito.
                                                     · Quid cogitandum.

Exuscitatiua.

GRADUS PREPARATORII.

EXCUSSIO,   Est repulsio corum, que minus cogitanda.

Depulsiua obstantium.

ELECTIO,   'Magis s. cogitandorum, puta que magis (Expediunt,
) Conferunt,
                                                      (Decent ;

Assumptiua conferentium.

GRADUS PROCESSORII, ET MENTIS.

COMMEMORATIO,   Est actualis electe et destinate rei cogitatio.

Heret conduplicatione.

CONSIDERATIO,   Est sedula, et iterata commemoratio et inhesio, donec
    proprie noscatur commemoratum.   *Penetrat.*

ATTENTIO,   Est fixa et attenta consideratio, vel perfectio rei considerate
    et commemorate.   *Figit.*

EXPLANATIO,   Est quedam illustratio in attentione positorum   *Illustrat.*

TRACTATIO,   Est rerum commemoratarum etc. ad alia quedam extensio.

Extendit.

GRADUS PROCESSORII ET IUDICII.

DIJUDICATIO,   Est qua pro dignitate sua suscepta res estimatur, *Estimat.*

CAUSATIO,   Est stabilitio facte diiudicationis, sicut confirmatio orationis.

Stabilit.

RUMINATIO,   Est morosa superiorum cum commemoratione tractatio,
    donec gustum attingat.   *Iterando inquirit.*

GRADUS PROCESSORII AMORIS VOLUNTATIS
ET AFFECTUS.

GUSTATIO, Est qua sicut superioribus monemur ac docemur, ita hic nos affici sentimus. *Videlicet exclamatione.*

QUERELA, Est querentis impatientia, vel denunciatio displicentis. *Deplangit lamentatione.*

OPTIO, Qua quod dulce iudicat possidere desiderat; vel est desiderium complacentis. *Esurit desideratione.*

CONFESSIO, Est veritatis assensus, et publica agnitio, *Congesta detegit.*

ORATIO, Est optionis ad Deum insinuatio. *Exigit.*

MENSIO, Est oratorum collatio, et orantium. *Animat.*

OBSECRATIO, Est cum sacre rei attestatione oratio, *Extorquet.*

CONFIDENTIA, Est persense et agnite bonitatis argumentum, ad impetranda monens. *Possidet.*

GRADUS TERMINATORII.

GRATIARUM ACTIO, Perceptorum verorum bonorum grandis estimatio est. *Refundit.*

COMMENDATIO, Desideriorum suorum in Dei bonitate fiducialis remissio. *Custodit.*

PERMISSIO. Est integra proprie voluntatis in Dei voluntate resignatio. *Holocaustat.*

MODUS COMMORANDI.

COMPLEXIO. Est gradus similis cum gradu ruminatio. Hec complexio est omnium graduum, sicut ruminatio tantum intellectualium, unde maximam copiam prestat.

Licet enim quemlibet gradum superiorum, cum quolibet coniungere ceterorum, puta; diiudicationem cum oratione, orationem cum diiudicatione, et ita de quolibet cum quolibet. Et non solum quemlibet cum quolibet; sed etiam quemlibet in et super quemlibet; ut orare de meditando, meditari de orando, et pro orando. Grandis igitur fecunditas scale huius, et latissimus pro commorando modus Potest enim, ut ex predictis patet. Primo quisque gradus tractari in se. Secundo cum gradu comite. Tertio super quemque : ut quisque gradus cuique sit objectum (1).

NOTULE DOCTRINALES CIRCA SCALAM HANC.

(Cap. Octauum.)

Est itaque sciendum, quod scala hec est generalis de omni complexo et incomplexo ; ita quod omnis materia per eam tractari et meditari potest sub finibus diuersis. Licet enim in hac meditari de Deo, et dijudicare quam ille colendus et venerandus ; de passione Christi ad amorem, de sanctis, de nouissimis, et de materia omni. Et est hec scala, fons et origo omnium positarum, vel adhuc ponendarum scalarum, quas virtualiter complectitur, et in se tenet. Expedit tamen exinde formare scalas, singulis materiis applicabiles particulares. Sic enim particulariter animus magis eruditur, ut patet. Sciendum (ut iam supra protestati sumus) scalam hanc, non hic esse prosecutam, sed tenuiter tactam solum: Unde si cui displicuerit, non in scale auctorem, sed in me presumptuosum eius retorqueatur abbreviatorem. Non enim facile cuique scale fructus patebit, nisi singuli gradus cum suis copiis, et abundantibus instrumentis tradantur, que ponere prolixi esset operis. Nulla siquidem putem esse instrumenta copiarum in tota Rhetorice officina, quorum non hic commoda applicatio fieri possit ad singulos gradus ut tentatum est a quibusdam. Sed prolixioris hoc operis esset ; quanquam tamen et pro meditari, immo et pro predicare volentibus, utilissimum et efficacissimum adiutorium esset.

NOTULA ALTERA.

Tenendum item, parum cuiquam prodesse, si nosset omnia iam superiora meditationum directiua, et scalam hanc, et praxim procedendi ; nisi frequenter se exercuerit circa eam. Non enim (si Gerson credimus) facilius, securius, post diuinam gratiam, habere poterimus artem meditandi, quam

---

(1) Nous ne reproduisons pas les chapitres III-VII. qui sont le commentaire de Mauburnus sur toutes les parties de l'échelle.

per sedulum exercitium, et securum alterius exercitati in ea consilium. Usus et ars docuit quod sapit omnis homo. Et sterilis fere ars, nisi exercitio concomitata. Qui igitur facile in meditationis studio proficere volet, qui tritus in ea esse cupit, crebrius agat ; non transeat festus dies ; quo non etiam scribat meditationem, vel exiguam saltem, secundum duos aut tres gradus, quam ostendat et examinet cum altero peritiore. Fatemur, in initio patietur difficultates. Ars quippe et virtus circa difficilia versantur ; sed exercitio facilia fient. Patet hoc in omnia arte. In pictore, scriptore et citharista qui dum exercitati fuerint, omnia facilia (que ante impossibilia videbantur) fiunt eis; ita ut Aristoteles dicat, Quod *ars perfecta non deliberat,* quia tam facilis est sibi actus suus. Tria tradit Cicero, quibus consequimur intenta : Artem, imitationem, exercitium ; Quorum potissimum exercitatio est : ut plures aiunt. Eia, igitur dilectissimi fratres, exercitationi nos demus huiusmodi, qua sine verendum est, quod proficiemus nihil. Non irrideatur consilium de meditationibus scribendis : Non meum est ; sed sapientum, qui opere id, magis quam verbo consuluere. Attendantur deuotionalia, Augustini meditationes, Rigmi planctus Bernardi, Exemplaria meditationum Anselmi, studia Gersonis, etc. Patet, quod omnes in his magis se exercitio, quam magistrali eruditioni dabant ; exemplum haud dubie dantes nobis, ut itidem faciamus. Non simus desidiosiores seculi hominibus, artificibus vanitatis: Mentior, si non vidi seruos pictorum, aut vitrificum furari tempora; imo totis festis se in secretario concludere diebus, quo tunc exercitarent, quod ceteris diebus non licebat. Turpe sit nobis vinci a seruis vanitatis. Captemus et nos tempora nostra, vel saltem festis diebus maneamus nobiscum ; circuitus, vaniloquia vitemus, exercitio nos accommodemus, et gaudebimus post de fructu assecuto.

NOTULA TERTIA CONTRA TEDIUM ASCENDENDI.

In hoc quoque meditatiuos omnes premonitos esse oportet, vt, et si non mox vt manum apponant, omnia pro voto cedant, si non mox affectus incalescat. Nihil hinc consternendum. Longanimes esse oportet, persistere inceptis, et volentibus attingere ad fructum, constanter ascendere oportet, sepiusque repulsos perstare in ascensu. Hinc enim raritas contemplantium omnis, quia vix sustinet aliquis secum solus esse, secumque diu morari. Non sic agat noster scalista, hanc scandat scalam, aut aliam, si ista non placet, leuet se super se si potest, et si unus non sapuerit gradus, ad alium festinus contendat. Quod si diu conatus frigidus perstet, non propterea deserat ascensum. Tedebit forsan laboris ; sed expectet, videbit auxilium Dei, vincet tedium mora pertinax ; longanimis tantum perstet ; et si non profecerit, merebitur sine dubio, et in humilitate fundabitur magis. Nec mirabile videbitur, quod ignis devotionis difficile exardescat flatu meditationis, considerantibus ignem materialem : ut Gerson declarat de lignis viridibus, aquosis, aut luto aspersis, a quibus quantumlibet sufflentur exsufflentur, plurimus ab initio fumus oculos conturbans, vix tenius emicabit scintilla ; nisi post plurimos labores, et diutinam moram. Meminerit huius exempli omnis meditator, longanimitatem assumens.

NOTULA QUARTA.

Essent adhuc plurima auisamenta, meditantibus assignanda, nisi nossemus ab aliis tradita ea, ut quod sine phantasmatibus meditari conentur, quod stabiliter figi. Ad que plures plurima media tradiderunt. Sed post gratiam Dei (ut vult Doctor quidam) efficacius remedium nullum, quam vehemens affectio in Deum, et amor mundus. Difficile enim, et cum tormento de Deo non cogitat, quisquis vere sincere et mere Deum amat. Ubi enim thesaurus suus, illic et cor eius.

Unde in meditatione dilecti stabilitur. Et quia amor in affectiones magis erumpit, quanto curiosius rem intuetur, liberat a phantasmatibus, que multis fuere grauium periculorum graues occasiones ; ut Gerson et Magister Gerardus Groet testantur. Vis igitur a periculis simulachorum carnalium tutari ? ama, opta, desidera. Vis non instar fluctuantis nauis periculo iactari ; sed stabiliri in meditatione tua ? ama. Quod si non amaueris, vagus, et vilis eris, et periculosius iactabere.

NOTULA QUINTA.

Hoc quoque dignissimum scitu, quod magna et salutaris homini sapientia, non momentaneo, aut temerario cogitatu prouenit. Crebro, grauiter, morose meditari oportebit, et sapientjam effodere, tanquam thesauros, antequam affectuose sapiat ; quia nisi sapiat, non afficiet. Hinc admonet scale huius auctor : Cuiuscunque inquit rei volueris efficacem et fructuosum cogitatum penes te esse ut, cum volueris, efficaciter possis cogitare de illa ; nulla tibi tam recta via est, quam crebra mente illam revoluere. Longo iam experimento didici, eam mihi esse animi conspersionem, ut momentaneo cogitatu, neque rem integre comprehendam, neque etiam efficaciter movear, ut velim. Igitur, verbi gratia, mortis meditatio ut fructuosa mihi fiat et facile omnia contemnere faciat, sepius oportet necessitatem eius, incertitudinem eius, celerem adventum eius. deformem destitutionem eius, magnam commutationem eius, gravem lapsum eius cogitare.

Quomodo videlicet caro de qua nunc tibi plaudis et quam nunc palpas, deterius corrumpenda quam si tota cancro, lepra, lupo, igne persico aut estiomeno scateret.

Hec tria et talia qui non meminit, cecus est ; qui meminit, et non sentit, stupidus est ; qui sentit, et non curat, insanus est. Hec ille.

NOTULA SEXTA.

Postremo (quod et iam supra memoravimus) suademus, quod his practicis nemo nimium fidat ; nulla demum exercitia ita appropriet sibi, quin, dum instinctus venerit ad alia impellens, dimissis omnibus, illum sequatur, ut volunt Patres : Magis semper gratie, quam industrie innitens ; suum tamen semper conatum per pia exercitia apponens. In quibus dum profecerit parum ; non tamen mox ea rejicere debet ; sed ad summam et primam industriam recurrat, que est oratio humilis et fidelis, imperfectum suum cum suspiratione et singultu Deo reuelando, eius efflagitando et sanctorum opem. Qui se superioribus et postreme huic practice accommodaret, non sine profectu meditationis studio vacaret (1).

____

(1) Mauburnus termine son traité par deux applications de sa méthode de méditation ; la première au mystère de l'Incarnation, la seconde à la vie de Saint Augustin.

III. — GARCIA DE CISNEROS ET SON EXERCITATORIUM.

A la fin de l'année 1492, Garcia de Cisneros et douze religieux de l'abbaye de Saint Benoît de Valladolid vinrent prendre possession de l'abbaye de Montserrat pour y travailler à sa restaurationmorale et matérielle (1). Garcia de Cisneros était le cousin du célèbre Cardinal Ximenès. Le nouveau Prieur avait à sa disposition nombre de livres dont nous trouvons les titres de quelques-uns dans un manuscrit de Montserrat, publié en 1900 dans la *Revue Bénédictine* (2) par D. Héribert Plenkers. O. S. B. L'éditeur bénédictin écrit : « Il ne peut y avoir de doute que le manuscrit, pour le fond et pour l'époque de la transcription, remonte au grand abbé de Montserrat, D. Garcias Cisneros (✝ 1510) ». Au fol. 17, où il est question de la distribution des livres au commencement du carême, nous remarquons ce passage curieux (3) :

« Post hæc accipiat sibi abbas regulam Patris nostri Benedicti, deinde singulis monachis tribuat singulos codices quos eis secundum eorum capacitatem noverit convenire. Utque proficiant monachi in lectione presertim sunt per abbatem monachis hi libri assignandi, sc. regula beati benedicti patris nostri, libellus de spiritualibus ascensionibus, directorium horarum canonicarum, exercitatorium vite spiritualis, in quo opere precium est monachos esse apprime instructos et memoriter retinere universa illa meditanti orandi et contemplandi vie purgative illuminative et

---

(1) Dom Besse. *La Congrégation espagnole de Valladolid*, p. 257, de la *Revue bénédictine*, t. XIX, p. 257.

(2) T. XVII, p. 362-378.

(3) Ibid., p. 369.

nmitive exercitia et donec ea tam practice quam theoretice pleniter
noverit seu sciverit, non permittatur in aliis libris legere vel studere. Absque his enim rudimentis seu fundamentis cetera omnia
cassa et vana neque poterunt in vita unquam spirituali proficere
cui specialiter dedicamur. »

Ainsi donc le vénérable réformateur escomptait beaucoup la
bienfaisante influence de la méditation ; avant tout il recomman-
dait la règle de son B. Père Saint Benoit, puis le livre de Gérard
de Zutphen *de spiritualibus ascensionibus*, le *Directorium horarum canonicarum* tout entier extrait du *Rosetum* de Mauburnus,
et son propre *Exercitatorium vite spiritualis* dont nous donnerons
plus loin les sources. Ces livres, il les avait fait imprimer à Montserrat même par ean Luschner qui était venu s'établir en ce
monastère le 28 décembre, 1498 (4).

La Règle et le traité *de spiritualibus ascensionibus* furent
tirés à 800 exemplaires (5) ; le *Directorio de las Horas canonicas*
à 440, l'*Ejercitatorio de la vida espiritual* à 800 exemplaires:
on tira aussi à 206 exemplaires la traduction latine de l'*Ejercitatorio*. A part les livres liturgiques, Missels et Bréviaires, tous
les livres imprimés à Montserrat visaient à la méditation, car nous
rangeons sous ce genre la *vita Christi* (méditations attribuées
à Saint Bonaventure) et le *Parvum bonum* ou *Incendium amoris*
de ce Docteur séraphique qui furent tirés à 800 exemplaires.

Ce qui précède montre le zèle de Garcia de Cisneros pour la
méditation ; mais nous ne occupons ici que l'*Ejercitatorio* sur

---

(4) Voir l'histoire de cette imprimerie dans l'ouvrage de Mendez et
Hidalgo : *Tipografia espanola. Historia de la Introduccion, Propagacion y.
Progressos del arte de la Imprenta en Espana... Su autor Fray Francisco Mendez, del Orden del Gran Padre S. Agustin. Segunda edicion corre-
gida y adicianada por Don Dionysio Hidalgo.* Madrid, 1861, p. 169 et s.

(5) Dans son catalogue 135, Ludwig Rosenthal annonce un exemplaire
de ce traité au prix de 3,000 marcs.

lequel on a tant controversé à l'occasion des rapports des Exercices de Saint Ignace avec le livre de Cisneros.

Et tout d'abord nous déclarons bien haut que ce livre a une véritable et grande valeur : nous ne retirons rien des éloges que plusieurs fois nous lui avons donnés. « Si l'on considère *l'Exercitatorio* comme livre de formation à la vie d'oraison (j'ajoute surtout dans la vie contemplative), ou encore si on l'examine au point de vue de son rôle dans l'histoire de la spiritualité, il est juste de lui donner un rang d'honneur dans la littérature ascétique.

« Dom Besse, en parlant de l'ouvrage de Dom Garcia, écrivait naguère : « Son livre, sans avoir les formes d'un manuel, est un de ceux qui peuvent rendre le plus de services aux âmes désireuses de s'appliquer à l'oraison mentale (6) ». Nous souscrivons volontiers à ce jugement. L'influence que *l'Exercitatorio* a exercée sur beaucoup d'âmes est une preuve de l'excellence de sa doctrine, et nous ne sommes pas étonné que les moines du Montserrat, après l'avoir délaissé pendant quelques années, lui aient rendu, par une décision du chapitre de 1825, une place qu'il n'aurait jamais dû perdre dans l'éducation de leurs novices. Sans doute au point de vue pratique, il n'est pas complet, et il ne suffirait pas à toute espèce de vie spirituelle ; mais au point de vue de la vie contemplative bénédictine, il a droit à une grande considération (7) ».

Le livre de Dom Garcia de Cisneros a eu de nombreuses éditions espagnoles, latines, françaises. Le savant Père bénédictin de Montserrat, Dom Fauste Curiel dans sa récente édition de l'*Ejercitatorio* (8), en cite plusieurs; nous en avons vu encore

---

(6) *Une question d'histoire littéraire au XVIe siècle (Revue des Questions historiques*, t. XXXI, p. 39).

(7) *Études religieuses*, 20 mai 1903, p. 570.

(8) *Ejercitatorio de la Vida espiritual compuesto por el V. de Garcia*

d'autres ; nous lui signalons en particulier une très curieuse imprimée en Pologne sous le titre suivant :

Lavacrum Animae, seu Exercitatorium Vitae Spiritualis cum Directorio Horarum. Canonicarum opus antiquum a Viro quodam Religioso Ordinis S. Benedicti olim in Italia conscriptum, nunc vero in communem piorum, Poloniae praesertim Gentis, utilitatem in lucem editum, opera et studio Stanislai Grochovii Custodis Crusuicen. Ps 33. Gustate et videte, quoniam suavis est Dominus. Cravoviae, In Officina Iac. Siberneycher. Anno Dni 1601.

Autre remarque. Plusieurs bibliographes espagnols (9) ont oublié de nous dire que Jean Luschner au Mont-Serrat imprima en 1500 un opuscule de Jean Gerson que dans mon exemplaire de 1500 je trouve à la suite de l'*Ejercitatorio :* en voici le titre *Jesus. Epistola de Gerson : excitativa para el spual aprovechamiento.* On ne le trouve pas dans les exemplaires de la traduction latine. A propos de l'édition latine, observons qu'elle compte plus de cent différences d'avec le texte primitif; elles sont généralement légères. C'st Dom Thévart qui les a relevées.

L'*Ejercitatorio* de Cisneros fait naturellement penser aux *Exercicios* de Saint Ignace : nos lecteurs n'attendent pas de nous que nous répétions ici ce que nous avons écrit à ce sujet dans la *Genèse des Exercices.* Dernièrement, un de nos amis espagnols a repris la question dans la revue *Razon y Fé.* En juillet, août et septembre 1917 il y a publié d'intéressants articles sous le titre : Les *Ejercicios* de San Ignacio y el *Ejercitatorio* de Cisneros. Ses conclusions sont moins larges que les nôtres. Alors qu'avec

---

de Cisneros, O. S. B. Abad de Montserrat. Reproducido conforme à la primera edicion por el R. S. Fausto Curiel Monje del mismo Sanctuario. Balcelona, Luis Gili, 1912, *Voir Noticia del Autor y de sus obras.*

(9) M. Conrad Haebler l'a signalé dans son travail sur les incunables espagnols. *Biblioteca iberica del siglo XV.* Leipzig, 1904.

Voir aussi *Analecta Montserratensia,* vol. II, 1919, p. 96.

le P. Ribadeneira nous croyons qu'il est très probable que Saint
Ignace a lu *l'Ejercitatorio* de Garcia de Cisneros, *cosa muy proua-
ble* (10), le R. P. Codina n'admet la chose que comme probable;
il a la loyauté cependant de fournir des témoignages en faveur
de notre thèse. Alors que nous avions écrit non pas il est probable, car nous n'avions aucune preuve positive à apporter, mais il
est *possible* que l'*Exercitatorium* de Dom Garcia ait suggéré à Saint
Ignace le titre de ses *Exercices*, et même l'idée de cours méthodique de spiritualité en suivant l'ordre classique des trois «voies»
(11) le Révérend Père est moins hésitant, et il écrit :

2° que es gratuito afirmar que (S. Ignacio) *se servio de él en
Manresa y que tomo de él la idea de componer su libro.*

Nous sommes pleinement de son avis quand il écrit qu'il ne
peut-être ici question de plagiat total ou partiel; nous n'irions
pas cependant jusqu'à concéder que «no hay en los dos libros
ni una frase commún de media docena de palabras, ni un par de
conceptos seguidos iguales e igualmente expresados (12). Ce qu'il
y a de certain, c'est que les livres de Garcia et de Saint Ignace
sont profondément distincts, et que Saint Ignace a fait œuvre tout
à fait originale; cela nous parait suffire à sa gloire, et être tout à
fait fondé.

Les emprunts que Saint Ignace a pu faire à divers auteurs,
il en a disposé en maître ; grâce à son génie, ou mieux grâce
aux lumières d'en haut, ces pièces diverses ont été modifiées et
réunies, et forment un organe complet et vivant dans le corps

---

(10) Voir Don Fray Antonio Yepes dans sa *Coronica general de la Orden de San Benito. Valladolid*, 1613, t. IIII, centuria IIII, p. 237, à l'année 888.

(11) *Genèse des Exercices*, p. 37.

(12) Voir *Razon y Fé*, septembre 1917, p. 28. Voir sur cette question :
*Monumenta Ignatiana. Series secunda. Exercitia spiritualia sancti Igna-
tii.* Madrid, oct. 1918. Fasc. I, p. 94 et suiv.

des Exercices. L'abeille n'est-elle pas l'auteur de son miel, alors même qu'elle en a puisé les éléments sur diverses fleurs?

Il faut d'ailleurs en cette question historique et critique se rappeler qu'avant Mont-Serrat, Saint Ignace avait déjà pris de nombreuses notes dans la *Vita Christi* de Ludolphe le Chartreux. A Manrèse, nous dit le P. Natal, il reçut cet esprit architectonique surnaturel qui le guida toute sa vie; et dès lors il écrivit « *bonam exercitiorum partem* » (13). Plus tard, ajoute Natal « *Post consummata studia, congessit delibationes illas exercitiorum primas, addidit multa, digessit omnia, dedit examinanda et judicanda sedi apostolicae* (14). Polanco, Orlandini, Bartoli, Diertins, etc., parlent dans ce même sens.

Cet esprit surnaturel merveilleux lui permettra, dans l'hypothèse même qu'il aurait puisé quelques matériaux dans les livres de Cisneros, Gérard de Zutphen et autres, d'en adapter les idées à son plan, d'en corriger ou d'en perfectionner les méthodes, en somme de faire œuvre originale et homogène.

Mais laissons ce sujet particulier, et demandons-nous si Garcia de Cisneros a fait lui aussi œuvre originale.

Nous allons tout à l'heure prouver que Garcia de Cisneros a compilé des matériaux pris dans divers auteurs, surtout chez les Frères de la vie commune, chez les Chanoines de Windesheim et dans Gerson. Lui-même en prévient le lecteur. Parlant de son travail, il écrit :

« *El cual compilamos asi en vulgar; porque nuestra intencion ha sido de hacerle para los simples devotos, y nos para letrados soberbios* (15). Le traducteur latin de l'*Ejercitatorio* a supprimé ce passage. Cependant il met aussi dans son avant dernière ligne l'avis suivant :

______

(13) *Monumenta historica societatis Jesu. Epistolae Nadal.* T. IV, p. 826.

(14) *Ibidem.*

(15) Voir la conclusion finale de l'*Ejercitatorio*.

« *Compilatus fuit tractatus iste in monasterio beate Marie de Monte Serrato.* »

On le voit, Garcia de Cisneros ne prétend pas faire œuvre personnelle ; il ne dissimule pas que son livre est l'œuvre d'un compilateur ; nous ajoutons, nous, œuvre de compilateur intelligent, et pratique, du moins à un certain degré très appréciable.

Il y a deux manières de compiler, une qui consiste à assembler au hasard, sans idée directrice, les documents plus ou moins disparates qu'on rencontre chez autrui, à en faire un ensemble quelconque, et plus ou moins hétérogène, tout en lui donnant l'apparence d'une certaine unité dans un cadre extérieur qui l'unifie. Il y a une autre manière de compiler, selon un plan bien défini, en fondant dans un même tout, les éléments divers qu'on a recueillis sur divers points. Saint Ignace, nous l'avons dit, a donné cette unité et cette homogénéité à son œuvre, quelque soient les éléments qu'il a pu trouver dans ses lectures.

Cisneros, à notre humble avis, est certainement plus que le compilateur vulgaire qui se sert de ciseaux pour découper dans les livres ce qui convient à ses idées. Il est loin de ramasser tout ce qu'il rencontre dans les livres de Mauburnus, Gérard de Zutphen, Gerson et autres ; il a un cadre d'ascétisme général, celui des trois voies ; il a un but, la vie d'union contemplative avec Dieu ; dans l'ordre de l'oraison mentale il entend grouper ses méditations par semaine. Cependant il ne s'assimile pas tout à fait les riches éléments qu'il a trouvés ; il les laisse dans leur état rudimentaire, sans leur donner une vie bien autonome. Sa gerbe est belle, mais le lien qui retient les épis, est plutôt extérieur. Il n'a même pas toujours cette suite de méditations pratiques bien enchaînées qu'on trouve chez Gérard de Zutphen et que lui-même admirait tant ; la règle de son bienheureux Père Saint Benoît est autrement logique et pratique. Il marque cependant un grand progrès dans ce genre de systématisation pratique de

l'enseignement de la vie d'oraison ; et on lui reconnaîtra un grand
don de sagesse et une vertu d'humilité digne de tout éloge. C'est sans
doute cette humilité qui l'a porté à trop se méfier de ses propres
conceptions, et à vouloir avant tout s'appuyer sur des auteurs étrangers dont on lui avait vanté les méthodes.

Jadis, dans la *Genèse des Exercices*, (16), j'avais signalé les découvertes de différentes sources dans lesquelles Garcia de Cisneros
a puisé largement. Depuis lors, j'ai pu reconnaître, plus complète-
ment, après diverses recherches, les livres et les chapitres précis
des livres que Garcia de Cisneros avait copiés. C'est le résultat de
ces recherches que l'on trouvera dans le tableau suivant. On con-
statera facilement qu'il n'est pas un chapitre qui soit vraiment
et totalement de Garcia de Cisneros ; le généreux abbé est comme
un riche bienfaiteur, qui adopte les enfants d'autrui, et leur
donne sous son toit hospitalier, les ressources nécessaires pour
alimenter leur vie, pour la développer, et la rendre féconde (17).

TABLEAU DES SOURCES DE L'EXERCITATORIUM
DE GARCIA DE CISNEROS.

Prologue. Il est composé par Garcia de Cisneros d'après le prologue de l'*Incendium amoris* ou *Parvum bonum* de Saint-Bonaventure, et avec quelques idées empruntées à un livre qu'il
attribue à Henri de Palma, et qui figure parmi les œuvres sup-
posées de Saint Bonaventure sous le titre de *Mystica Theologia*.
Garcia emprunte aussi une page au traité *De Monte contemplationis* (Cap. XVI) de Gerson ; ce prologue annonce aussi le

---

(16) Voir p. 57 et 58.

(17) Nous ne nous occupons ici que de l'Ejercitatorio de Cisneros. Son
Directirio de las horas canonicas tout entier n'est guère formé que d'extraits du *Directorium solvendarum horarum* et du *Chiropsalterim* de Mauburnus.

traité *De spiritualibus ascensionibus* de Gérard de Zutphen, qui débute par les mots : *Beatus vir.*

Cap. I. L'auteur a puisé presque toute la matière de ce chapitre dans *l'Hortulus rosarum* (cap. I) de Thomas a Kempis.

Cap. II-VII. Ces chapitres sont extraits textuellement du *Rosetum exercitiorum spiritualium* de Mauburnus (Tit. I, cap. I-II).

Cap. VIII. Les premières lignes viennent de la *Mystica Theologia* (cap. III, partie III, *quinta industria,* où aussi il est fait mention de la variété des mets.) Cette variété, on la trouvera dans les matières des trois voies. Puis il est question de l'utilité de fixer les temps et les heures : les principes invoqués et les images employées sont les mêmes que dans la *quarta industria* de la *Mystica Theologia,* que dans le XLV° chap. du traité *De spiritualibus ascensionibus,* et que dans le *Rosetum* de Mauburnus, Tit. XIX, memb. II.

Cap. IX. Ce chapitre comprend deux courtes citations de Saint Bonaventure que l'auteur nomme ; il insère un texte de Ludolphe le Chartreux, en le commençant par les mots : *Si vis... sis homo orationis* (Vit. Jesu Christi, Partis primae, cap. XXXIX, n. 10). Chez Ludolphe, on lit le mot *ora* au lieu de *sis homo orationis.*

Cap. X. Sur les différentes espèces de crainte, Garcia de Cisneros a presque tout tiré de Pierre Lombard (III, D. XXXIX). Il ajoute quelques lignes extraites de Saint Anselme, de Saint Bernard, de Saint Thomas qu'il nomme.

Cap. XI. Vue d'ensemble des sujets de crainte qui seront médités dans les chap. suivants XII-XV.

Cap. XII. Après une première page d'introduction où l'on trouve la réminiscence d'un passage de l'*Incendium amoris* de Saint Bonaventure (cap. 1, 551, n. 3) et d'un passage de S. Denys qui lui a été fourni par la *Mystica Theologia* (cap. 1, p. 1), Garcia propose à l'âme de se juger ; *districte... teipsum judica,* a dit aussi Gérard de Zutphen (*de spiritualibus ascensionibus* cap. VI), et c'est la méditation qui vient immédiatement à la suite de ce conseil dans Zutphen que Garcia de Cisneros adopte sur ce sujet, en la reproduisant presque mot à mot. Cette même méditation figure dans le *Fascicularius inter opera S. Bonaventurae*, cap. I (18), et dans le *De Reformatione virium animæ* de Zutphen.

Viennent ensuite plusieurs colloques : le premier avec ce qui suit jusqu'au colloque suivant est emprunté à l'*Alphabetum amoris* de Nider, opuscule qui se trouve dans les *Opera Joh. Gerson* (v. p. 774 du T. III, édition 1704). Les colloques suivants sont empruntés à la *Mystica Theologia* (cap. I, p. II). Remarquons en passant que l'*Exercitatorium* de Henri de Kalkar (19) a quelques passages qui sont presque identiques à ceux que l'on trouve dans la *Mystica Theologia*.

Garcia de Cisneros suggérera une septaine d'invocations à faire une pour chaque jour de la semaine ; c'est une imitation de la méthode donnée par Jean Vos de Huesden (20).

---

(18) Les éditeurs des *Opera S. Bonaventura*, ed. de Quaracchi, 1898 (T. VIII, Proleg. p. CXII) regardent le *Fascicularius*, comme étant l'œuvre de Gérard de Zutphen. Nous avons été des premiers à remarquer qu'on le retrouve dans le *De Reformatione virium*, et aussi, mais avec modification, dans le *De Spiritualibus Ascensionibus*, de Zutphen; tout en admettant qu'il ne doit pas être de saint Bonaventure, nous n'oserions pas affirmer que Gérard de Zutphen n'en a pas trouvé les éléments dans quelque auteur qu'il aurait copié.

(19) Cet *Exercitatorium* a été reproduit par Mgr Malou : *Recherches... sur le véritable auteur de l'Imitation*, 1848, p. 232. La ressemblance des idées et des mots est surtout frappante dans le ch. III où il est question des bienfaits de Dieu. Garcia de Cisneros n'a pas fait ici mention des bienfaits de Dieu sous cette forme.

(20) Voir son *Epistola de vita et passione domini Ihesu Christi*, p. 226-244 de la *Chronicon Windeshemense*, Joh. Busch, dans l'édition de Karl Grube, Halle, 1886.

Cap. XIII-XV. Reproduction des cpab. II-IV du *Fascicularius*. On
retrouve ces méditations dans Gérard de Zutphen, *De reformatione virium animæ* (C. XXI, XXII, XXIII), où elles sont bien con-
formes au *Fascicularius* des *Opera S. Bonaventuræ*. On les retrouve aussi dans le *De Spiritualibus ascensionibus* (C. XIX, XX,
XXI), mais avec modifications du texte. Garcia de Cisneros a
ajouté à la méditation de l'enfer un colloque d'actions de grâces
pour remercier Dieu de l'avoir énargné.

Cap. XVI. Garcia a recueilli les éléments de ce chapitre dans Mauburnus (*Rosetum, Scala passionis*, f° CLIX, Alph. M.), lequel
reproduit plusieurs considérations d'Ubertini de Casali : *Arbor
vite crucifixe Iesv.* Lib. IV, C. IX (Venetiis, 1485).

Cap. XVII. La première partie sur les douleurs de Marie est ex-
traite du *Rosetum*, (f° CCXIII, *Rosarium quartum*, membrum
VIII. — La deuxième partie est tirée de *Meditationes vitae
Christi*, cap. LXXXIV (ouvrage supposé de saint Bonaventure.)

Cap. XVIII. C'est le caput v. du *Fascicularius*.

Cap. XIX. Les vingt premières lignes sont empruntées au Prologue de la *Mystica Theologia*. Le reste vient de S. Bonaventure (*Parvum bonum*, cap. I, 55, 1. n. 9).

Cap. XX. C'est de la *Mystica Theologia*, cap. II, part. 1.

Cap. XXI. Examen du soir après Complies. On en retrouve les
éléments dans le *Parvum bonum*, cap. I, 55, 1, n. 1-7.

Cap. XXII. Page qui annonce la voie illuminative selon la doctrine de S. Denys, *De Hierarchia caelesti*, cap. III. Cette page est
extraite de l'*Alphabetum amoris* de Nider, début du cap. III.

Cap. XXIII. Reproduction du sommaire que Mauburnus donne
sous le titre : *Beneficiorum distinctiones per singulas ferias
(Rosetum, f.* CLXXXI) Garcia met en forme de prière ce que
Mauburnus propose d'une manière didactique; il introduit
quelques légères modifications à la *feria tertia* et à la *feria quarta*

Cap. XXIV. Reproduction du commentaire de la *Mystica Theo-*

logia sur l'oraison dominicale entendue au sens anagogique
(Cap. II, part III).

Cap. XXV. Garcia de Cisneros nous prévient lui-même qu'il a
extrait ce chapitre d'un traité sur la contemplation par le
saint abbé Ephrem.

Chap. XXVI. Tout ce chapitre est extrait du chap. XIV de l'*Alphabetum amoris*.

Chap. XXVII. Vient aussi de chap. XIV de l'*Alphabetum amoris*
On y trouve cependant dans la *Feria secunda* la prière de S. Ber-
nard : O Domine, tu es amor meus... extraite du chap. XI du même
Alphabetum, puis une bonne demi-page extraite de la *Mystica
Theologia* (cap. III, Part. I.). Ce passage commence par ces mots :
Et si quis ignorantia vel simplicitate, et se termine à la *Feria ter-
tia* . . . .

Cap. XXVIII et XXIX. En ces deux chapitres Garcia de Cisneros
puise dans la *Mystica Théologia* (quaestio unica après le cap.
III); mais ici surtout, il n'est pas un simple compilateur; il est
abréviateur, et rédige un résumé ; toutefois dans ce résumé les
trois dernières pages sont presque mot pour mot le texte de la
Mystica Theologia; on peut s'en assurer rapidement en lisant les
lignes finales des deux livres comparés; que dans cette compa-
raison établie entre les deux textes on veuille bien se rappeler
qu'ici et ailleurs le traducteur latin de l'Exercitatorio n'est pas
remonté à la source première, mais a traduit un texte espagnol.

Cap. XXX. En ce chapitre Garcia de Cisneros expose que l'amour
unitif a six degrés selon la doctrine des *Saints,* mais il ne
donne pas la source où il a puisé cette doctrine. Il avait sous les
yeux le *Parvum bonum* qui traite *De sex gradibus dilectionis
Dei* (cap. II, 55. 4). Comme saint Bonaventure, il est préoccupé
de l'idée symbolique des six degrés du trône de Salomon. Le
Docteur séraphique s'était inspiré de Richard de Saint-Victor
qui développe cette phrase : « *Primo incipit sentiri illa interna
cuavitas, et ex illo generatur mira quaedam perfruendi aviditas;*

aviditatem sequitur saturitas; saturitatem ebretas, ebrietatem securitals, securitaten tranquillitas (21) ». Garcia fait précéder ces six degrés qu'en réalité il conserve, de deux autres degrés qu'il intitule : *Illuminatio, Inflammatio*. Est-ce sous l'influence d'un écrivain spirituel ou est-ce de lui-même qu'il fait cette addition; nous ne pouvons le décider.

Cap. XXXI. Depuis ce chapitre jusqu'au chap. XLVIII Garcia de Cisneros ne fait que transcrire le texte de Gerson, *De Monte comtemplationis*. Le traducteur latin cependant, comme s'il n'avait pas à sa disposition le livre de Gerson, ne donne pas une simple copie du texte latin original, mais prend la peine de traduire en latin le texte espagnol. Garcia de Cisneros s'est borné à faire quelques inversions de chapitres.

Le chap. XXXI reproduit le chap. I et II de Gerson.

Le chap. XXXII reproduit le ch. III de Gerson.

Le chap. XXXIII reproduit le ch. V de Gerson.

Le chap. XXXIV reproduit le ch. XVII de Gerson.

Le chap. XXXV reproduit le ch. XVIII de Gerson.

Le chap. XXXVI reproduit le ch. X de Gerson.

Le chap. XXXVII reproduit le ch. XIX de Gerson.

Le chap. XXXVIII reproduit le ch. XX de Gerson.

Le chap. XXXIX reproduit le ch. XXIII de Gerson.

Le chap. XL reproduit le ch. XXVI de Gerson.

Le chap. XLI reproduit le ch. XXVII de Gerson.

Le chap. XLII reproduit le ch. XXVIII de Gerson.

Le chap. XLIII reproduit le ch. XXIX de Gerson.

Le chap. XLV reproduit le ch. XXX de Gerson.

Le chap. XLV reproduit le ch. XXXI de Gerson.

Le chap. XLVI reproduit le ch. XXXII de Gerson.

Le chap. XLVII reproduit le ch. XXXVIII de Gerson.

---

(21) Voir P. L. 195, c. 177.

Cap. XLVIII. Extrait de Richard de Saint-Victor, *Benjamin major*, Lib. V. C. I et II.

Cap. IL à LII viennent du traité de *Spiritualibus ascensionibus* de Gérard de Zutphen XXVII-XXX. Garcia de Cisneros en transcrivant le chap. XXVII de Gérard ajoute quelques mots, v. g. *Et iste primus gradus contemplandi Christum est incipientium... Et iste secundus gradus contemplandi Christum est proficientium... Et iste tertius gradus contemplandi vitam Domini est eorum qui jam sunt exercitati et appropinquant perfectioni.* — Il y a aussi quelques phrases omises, vg. dans le ch. XXX de Gérard la phrase suivante : *Vocatur Jesus ut per hoc intelligas, eum suorum, non alienorum esse salvatorem.* Le traducteur latin suit le texte espagnol qui fait de légères modifications dans le texte latin de Zutphen. Le dernier alinéa de six lignes n'est pas dans Zutphen.

Cap. LIII. Vient d'Ubertini de Casal, *Arbor vite crucifixe*, et primitivement du *Lignum vitae* de saint Bonaventure (22).

Cap. LIV. L'auteur suit ici le chap. XXXI de Gérard de Zutphen, mais en plusieurs endroits ajoute au texte ou en retranche une phrase ou deux.

Cap. LV. Garcia nous prévient lui-même que ce chapitre est extrait de Gerson : *Omnia haec sunt accepta a praefato doctore in tractatu de diversis tentationibus diaboli.*

Cap. LVI. Est extrait de Ludolphe le Chartreux, *Vita Jesu Christi. Secundae Partis* cap. LI, en modifiant l'ordre : débute par le n. 3 et finit par le n. 1.

Cap. LVII. Reproduction du *Stimulus amoris, Partis primae* cap. IV. Ludolphe reproduit aussi le même chap. du *Stimulus amoris*, mais abrège la considération sur la compassion de Marie; au *secundo*, Garcia le reproduit intégralement.

---

(22) *Opera omnia*, Quaracchi, 1898, I. VIII. Proleg. C. I. p. xxxxix, et P. 68 et 86. — Callaye (Frédégand) O. M. C. *L'idéalisme franciscain spirituel au XIVe siècle. Etude sur Ubertin de Casale.* Louvain, 1911, p. 74.

Cap. LVIII. L'entrée en matière où il est question de considérer : *Factum, modum, causam,* est le résumé du ch. VIII du *Fascicularius* (inter opera S. Bonaventurae) ; le titre en est : *De generali materia exercendi in passione Domini,* lequel se trouve aussi dans Zutphen : *de Reformatione virium animae,* cap. XXVIII. — Vient l'opuscule *Passio Christi breviter collecta* qui fait partie du *Fascicularius.* Gérard de Zutphen a le même opuscule dans le *de Reformatione virium animae,* cap. XXIX. Cette *Passio breviter collecta* sera reproduite dans le *De spiritualibus ascensionibus,* mais il y est fait quelques changements dans la sixième Partie.

Cap. LIX. C'est le ch. VI de l'opuscule de saint Bonaventure : *de perfectione vitae ad sorores.*

Cap. LX. La matière en est prise dans le *Fasciculus septimus* de la *Passio breviter collecta :* la même se trouve dans les C. XXXIX, XL, XLI du *De spiritualibus ascensionibus* de Zutphen.

Cap. LXI, LXII, LXIII, reproduisent les chap. XXX, XXXV, XXXVI du *De Monte contemplationis* de Gerson.

Cap. LXIV. Gerson, cap. XLIII *de Monte C.*

Cap. LXIV. Gerson 2ᵉ partie du ch. XLIV *de M. C.*

Cap. LXVI. Gerson, cap. XLV *de M. C.*

Cap. LXVII. Gerson. *De Mystica Theologia practica.* Considerararatio IV.

Cap. LXVIII. Ce long chapitre reproduit presque intégralement les ch. LXV, LXVI, LXVII, LXVIII, LXIX, LXX du *De Spiritualibus ascensionibus* de Zutphen.

Cap. LXIX reproduit mot à mot le dernier chapitre de l'*Alphabetum amoris* de Nider (voir *Opera* Gerson T. III, p. 779).

L'éditeur de la nouvelle édition espagnole de l'*Ejercitatorio,* Barcelona, 1912, p. XIX, semble insinuer que Garcia de Cisneros s'est servi pour composer son livre des Vies des Pères, de leurs Conférences, des Morales de Saint Grégoire le Grand, des opus-

eules de Saint Bernard et de Saint Jean Climaque, aussi bien que
de Mauburnus. En effet, nous savons par le manuscrit de Montserrat publié par Dom Plenkers que ces livres et d'autres se
trouvaient dans la bibliothèque de ce couvent.

Garcia de Cisneros les cite dans son Ejercitatorio; mais nous
doutons qu'on puisse trouver une seule citation de ce genre puisée
directement à la source primitive; il est certain en tout cas que
le plus souvent, sinon toujours, Garcia ne cite ces auteurs que
parce qu'ils figurent déjà dans un texte qu'il a emprunté à un
auteur plus récent.

De plus les notes extraites de la Règle de Saint Benoît dont le
nouvel éditeur accompagne le chap. LXVII. commentent presque
toutes le texte de Gérard de Zutphen; une ou deux seulement se
rapportent à une phrase de cet auteur légèrement modifiée par
Garcia de Cisneros pour adapter Zutphen à la vie religieuse des
Bénédictins.

Aucun critique que je sache n'a nié que le livre de Cisneros
n'ait été écrit à Montserrat; le nouvel éditeur veut en trouver une
preuve (voir note p. 91) en ce que Cisneros décrit le ciel comme
un lieu élevé, rempli de chants harmonieux. L'argument ne porte
pas, car le texte de Mauburnus dit exactement la même chose ;
Garcia de Cisneros en le copiant n'a omis que le mot *victus*.

Nous concluons en disant que Garcia de Cisneros tout en transcrivant presque tout son livre, n'a pas copié servilement; ce dont
personne ne l'a accusé, je pense; il a su faire un choix judicieux
d'excellents passages de divers auteurs, et il les a assez bien agencés
en les adaptant à la vie de ses religieux; somme toute, comme je
l'écrivais jadis dans les *Etudes religieuses* (23). l'Exercitatorio *est*
un bien glorieux pour les moines de Montserrat, encore que les éléments premiers n'en soient pas originaux et viennent de quelques
auteurs non bénédictins relativement récents. Garcia de Cisneros

______

(23) 1893, 20 mai, p. 570.

ne peut en aucune façon être blâmé ou même amoindri, de ce qu'il les a faits siens, au bénéfice de sa famille religieuse.

Après avoir constaté que presque toute la matière de Garcia de Cisneros est empruntée à divers auteurs étrangers même à son Ordre, resterait à étudier les origines de la forme qu'il a adoptée, autrement dit de sa méthode. Nous n'en dirons ici que quelques mots.

Quelle est la méthode adoptée par Garcia? C'est, si je ne me trompe, l'organisation de la spiritualité d'après la méthode des trois voies, comme il le dit dans son prologue, avec le concours subsidiaire d'exercices d'oraison mentale sous ses trois formes, méditation, prière, contemplation ; ces exercices d'oraison sont bien déterminés et sont classés par série hebdomadaire. On pourrait tendre à la perfection de la vie spirituelle, même contemplative, par la seule obéissance à l'autorité religieuse du Supérieur et de la règle, par l'oraison vocale, soit privée soit commune; mais en y ajoutant l'oraison mentale, surtout méthodique, comme l'a fait Garcia, on reçoit un secours puissant pour arriver à la perfection propre de la vocation religieuse bénédictine, c'est-à-dire de la vie principalement contemplative.

Mais où Garcia de Cisneros a-t-il trouvé les éléments de sa méthode? L'idée des trois voies était, sans nul doute, déjà admise par Garcia de Cisneros, mais l'idée d'organiser son *Exercitatorio* d'après ces voies lui fut suggérée par le *Parvum bonum* de St. Bonaventure et par la *Mystica Theologia* dont il se servira fréquemment, et dans lesquels il est fait mention expresse même d'un second élément subsidiaire, l'oraison mentale. Cependant en ce qui concerne ce second élément, il faut remarquer que la méthode des semaines de méditation ou des séries hebdomadaires de méditation qu'emploiera l'abbé de Montserrat ne se trouve indiquée ni dans le *Parvum Bonum*, ni dans la *Mystica Theologia*, mais elle se trouve très souvent appliquée dans le *Rosetum* de Mauburnus, et elle était tout à fait en usage chez les Frères de la vie commune. Comme nous l'avons dit déjà, nous préparons un travail critique et historique sur les séries de méditations hebdomadaires ; quelques-unes sont antérieures aux Frères de la vie commune et aux Chanoines de Windesheim ; mais chez eux elles sont fréquemment adoptées et recommandées ; on les applique parfois à la seule matière des mystères de la Passion de Notre- Seigneur, parfois à d'autres sujets. Qui lira le *Tractatulus de exercitiis spiritualibus de Radewyns* (24) ; les traités de Gérard de Zutphen (25), l'Epistola de vita et passione Domini nostri Jesu Christi de J. Vos de Huesden (26), etc. y trouvera ces septaines de méditation. C'est vraisemblablement de ces auteurs que Garcia de Cisneros les a empruntées ; mais il a pu en trouver aussi d'autres modèles dans les *Meditationes* attribuées à Saint-Bonaventure, et dans Ubertin de Casali, livres que possédait la bibliothèque de Montserrat.

Saint Ignace, à l'exemple de Garcia de Cisneros, pour s'avancer dans les trois voies, s'aidera de l'oraison mentale, et c'est sous la forme de méditations ordonnées dans des semaines qu'il présentera les sujets de méditation. Mais chez lui, la semaine n'est pas, comme chez Garcia, mesurée par la seule matière de méditation ; elle est avant tout graduée par l'acquisition du fruit désiré dans chaque semaine.

L'auteur des Exercices le dit formellement dans la quatrième annotation : « Il ne faut pas entendre cette division des Semaines en ce sens que chacune doive nécessairement renfermer sept ou huit jours. Car comme il arrive que dans la première Semaine les uns sont plus lents à trouver ce qu'ils cherchent, savoir : la contrition, la douleur, les larmes pour pleurer leurs péchés ; de même, les uns sont plus diligents que les autres, et plus agités

(24) Edité à Fribourg en Brisgau, chez Herder, 1862, p. 54.
(25) Sur la Passion dans les deux traités *De Reformatione virium animae*, et dans le *De Spiritualibus ascensionibus*.
(26) Voir *Chronicon Windeshemense*, édition de Halle, 1886, p. 226.

ou éprouvés par les divers esprits. Il est donc nécessaire de
resserrer quelquefois cette Semaine, et quelquefois de l'étendre,
ce qui doit s'observer également dans les autres Semaines qui
viennent après, cherchant toujours le fruit propre selon la matière. (27) »

Nous trouvons ici une preuve nouvelle de l'esprit large et
souple de Saint Ignace ; rien de mécanique et de mathématique
dans sa manière de mesurer la durée de la semaine de méditations; les formalistes sûrement ne peuvent compter sur Saint
Ignace pour appuyer leurs thèses exagérées. L'excellent abbé de
Montserrat lui-même, tout en fournissant des septaines hebdomadaires bien mathématiquement arrangées, prévient dans son
chapitre V, qu'il faut adapter les exercices aux capacités et aux
besoins de chacun. C'est là une règle qu'il a prise à Mauburnus (28)
qui est cependant si apprêté dans sa pédagogie spirituelle : *Tertia
conditio est*, ut exercitia sic sint disposita et ordinata, quod con-
gruant secundum suum statum et dispositionem tam interiorem
quam exteriorem, non enim omnia omnibus conveniunt; neque
omnes circa eamdem rem aequaliter se habere possunt, quin potius
talia exercitia unusquisque debet sibi eligere, quae contra suas
vitiosas inclinationes decertent, et ad virtutis amorem magis poterit proficere; nam secundum *Ambrosium* quaerendum quidem in
omni actu, quid personis conveniat, quid temporibus et aetatibus,
quid etiam singulorum ingeniis sit accommodum. » Voilà une
règle dont on retrouve l'écho dans les annotations 4e, 18e, 19e et
même dans l'ensemble des Exercices.

Nous croyons devoir arrêter nos remarques sur les relations
des Exercices et de l'*Exercitatorio* de Garcia. Nous en avons déjà

---

(27) *Exercices spirituels de Saint Ignace de Loyola*. Traduction Debuchy, Paris, Lethielleux, Paris, 1910, p. 15.

(28) *Rosetum Exercitiorum spiritualium*, 1494, *Eruditorium exerciti-
rum*, Cap. I, Membrum tercium.

parlé dans la *Genèse des Exercices* (29) et nous en reparlerons dans une nouvelle édition de cet opuscule : nous y pourrons bénéficier des travaux récents des savants éditeurs espagnols des *Monumenta historica Societatis Jesu* sur les sources des *Exercitia spiritualia* (30).

Dès maintenant, nous pouvons affirmer avec eux qu'en ce qui regarde la matière des Exercices, bien peu de chose de l'*Exercitatorio* se retrouve dans les *Exercitia spiritualia* de Saint Ignace. En ce qui regarde la méthode générale et quelques méthodes particulières, les ressemblances sont plus marquées. Mais ici, nous pouvons indiquer d'autres sources probables des méthodes de Saint Ignace, en particulier le *De spiritualibus ascensionibus* de Gérard 'de Zutphen.

Quoi qu'il en soit, remercions avec le P. Ribadeneira Notre-Seigneur « de ce que au sortir des agitations du siècle, notre bienheureux Père soit arrivé à un si bon port, qu'il ait trouvé un si bon confesseur, et profité d'un si bon livre (31) ». Ce bon port, ce fut une abbaye bénédictine dédiée à la Très Sainte Vierge et dont les moines venaient de se réformer en se servant surtout de l'oraison mentale méthodique, empruntée à des livres d'origine franciscaine, ceux de Saint Bonaventure et d'Ubertin de Casal et surtout à des livres des Frères de la vie commune.

Le bon confesseur, ce fut D. Chanones dont nos historiens ne manquent pas de faire l'éloge. Il fut plus tard chargé de la direc-

---

(29) Amiens, 1897.

(30) *Exercitia spiritualia sancti Ignatii de Loyola et eorum directoria.* Madrid, 1918. Fasc. 298, 299 etc.

(31) « *Y devemos los de la Compania hazer gracias à Nuestro Senor, que N. B. P. echado de las hodas y tormendas del siglo, llegasse a tam buen puerto, y topasse en tam buen confessor, y se aprovechasse de tam buen libro* ». Lettre du 18 avril 1607, reproduite par l'auteur du *de Religiosa S. Ignatii sive Enneconis per Patres Benedictinos Institutione...* Constantin Cajetan. Venetiis, 1641, p. 131.

tion des novices à Saint-Benoît de Valladolid, et fit partie d'un groupe de Pères Bénédictins qui furent employés à la réforme des abbayes bénédictines de Portugal (32).Bartoli dit que Saint Ignace allait voir son confesseur à des temps réglés, et lui ouvrait tout son cœur (33). « Un autre biographe de Saint Ignace, le Père Bombino écrit de lui: « *Saepissime rediisse Montem Serratum, ut eidem Patri Clanonio rationem minutam redderet, eorum omnium, ut eidem Patri Clanonio rationem minutam redderet, eorum ...... quae in animo suo agebantur* (34) ». J'avais jadis, dans la *Genèse des Exercices*, hésité à attribuer à Chanones quelque influence sur la composition des Exercices (35), je m'étais borné à dire, « que cela est possible, et si l'on veut, assez probable ». La vue des charges que les supérieurs bénédictins lui ont confiées, et aussi d'autres considérations me disposent à être plus large en faveur de Dom Chanones. Quoi qu'il en soit, observons que Dom Chanones entré à Montserrat, deux ans après la mort de Garcia de Cisneros, c'est-à-dire en 1512, avait dû être formé à la vie religieuse d'après les principes et les règles de celui-ci : c'est-à-dire, comme l'avons vu au début de cette petite étude, qu'il avait lu et étudié la Règle de saint Benoît d'abord, puis le *De spiritualibus ascensionibus de*

---

(32) Dom Leao de S. Thomas donne d'intéressants détails sur l'action des Pères de Montserrat dans la réforme de plusieurs monastères portugais. Nous retrouvons là Joao Chanones comme maître des novices dans les couvents d'Alcobaça et de Tibaès. Voir *Benedictina Lusitana. — Pello P. M. Fr. Leao de S. Thomas. Em Coimbra*, 1644, T. I. pp. 387 et 392. Cote de la Bib. Nat. Paris, H. 1475. Voir aussi la biographie de Xanones dans les *Monumenta historica Societatis Jesu. Scripta de sancto Ignatio.* Madrid, 1918, T. II, p. 439.

(33) *Vie de saint Ignace de Loyola.* Liv. I. ch. IV, n. 4. Trad. du P. J. Terrien, Paris, 1893, T. I, p. 57. Bartoli dit : « a certi tempi », de temps à autre (?).

(34) Je le cite d'après Argaiz, *La Perla de la Cataluna.* Madrid, 1677, p. 175. Voir aussi p. 446 et 447 du T. II des *Scripta de sancto Ignatio*.

(35) Amiens, 1897, p. 25.

Gérard de Zutphen, le *Directorium horarum canonicarum* qui est un extrait de Mauburnus, et l'*Exercitatorium vitae spiritualis* de Garcia de Cisneros. Il est donc probable que par lui l'enseignement des Frères de la vie commune atteignit Saint Ignace au moins à un certain degré, et que le livre de Gérard de Zutphen même non traduit influa sur la composition des Exercices.

Le bon livre cependant auquel le Père Ribadencira fait allusion est l'*Exercitatorio* dont nous avons analysé les sources; dans sa lettre il souligne les caractères différents de l'*Exercitatorio* de Garcia et du livre de Saint Ignace, sans nier qu'il y ait quelques points communs. Ces ressemblances ou points communs, on les retrouve presque tous dans les livres des Frères de la vie commune, spécialement dans Gérard de Zutphen et dans Mauburnus.

TABLE

L. D. E. M.

CUM SUPERIORUM PERMISSU.

Imprimatur : Tornaci, 27 decembris 1919.

V. CANTINEAU, Vic. Gén.

1908

3-14. *La Vén. Catherine de Francheville, initiatrice des Retraites de femmes, d'après le P. Pierre Champion, S. J.* P. DEBUCHY. 151 pp. 2.50

. *Breve directorium ad danda utiliter Exercitia spiritualia, d'après un manuscrit ancien inédit.* 24 pp. 0.50

16. *Retraites de sourds-muets.* H. JEANVOINE. 30 pp. 0.60

17. *Ponterotto, maison de retraites pour les hommes à Rome.* MGR R. SCHÜLLER. 55 pp. . . . . 1 »

18. *Les corrections manuscrites des Exercices de saint Ignace.* A. BOONE, S. J. 30 pp. . . . 0.60

1909

19. *Les Exercices spirituels et la Civilisation moderne.* L. TAPARELLI, S. J. 51 pp. . . . . 1 »

20. *Mgr d'Hulst et les Exercices de saint Ignace.* M. F. GIBERT. 42 pp. 0.80

21. *Une zélatrice des retraites, Maria Antonia de San José.* J. B. COUDERC. 83 pp. 1.60

22. *Directoire pour servir à l'organisation des Retraites de départ.* L. FARSY. 75 pp. 1.40

23. *De examine conscientiæ juxta Ecclesiæ PP., S. Thomam et FF. Vitæ communis.* H. WATRIGANT. 56 pp. . . . . 1 »

24. *Bibliographie 1908-1909.* H. WATRIGANT. 48 pp. 0.80

1910

25. *La pratique des Exercices spirituels dans l'ancienne Mission du Maduré.* L. BESSE, S. J. 45 pp. 0.80

26. *Sacra Tempe seu de sacro Exercitiorum secessu Exempla collecta.* P. MANRIQUE. 72 pp. . 1.40

27. *Les Retraites à Madagascar-Central.* C. DU COETLOSQUET. 84 pp. 1.50

28. *Une Maison de retraites fermées à Nancy au XVIII° siècle.* E. BACQUILLION. 95 pp. 1.80

29-30. *Les Annotations des Exercices de S. Ignace.* P. WAMY, S. J. 80 pp. 1.60

1911

31. *La Retraite de Quimper et Victoire de Saint-Luc.* P. DEBUCHY. 96 pp. 1.80

32. *S. Charles Borromée et les Exercices de S. Ignace.* MGR A. RATTI. 42 pp. 0.80

33. *Le P. Huby aux Indes ou le Miroir de l'âme chez les Protestants.* H. HOSTEN, S. J. 45 pp. . . 0.80

34. *Explication inédite des Règles d'Orthodoxie.* C. JUDDE, S. J. 30 pp. 0.60

35. *Duo antiqua Exercitiorum directoria.* HOFFÆUS et CECCOTTI, S. J. 50 pp. . . . . 1 »

36. *Bibliographie 1910-1911.* H. WATRIGANT. 45 pp. 0.80

1912

37-38. *Bellarmin et les Exercices spirituels.* X. LE BACHELET. 152 pp. 2.50

39-40-41. *Les Exercices spirituels à la naissance des Séminaires.* H. WATRIGANT. 132 pp. . . . 2.25

42. *Contemplatio ad Amorem spiritualem. Méditations inédites.* 48 pp. 0.80

1913

43. *Quel est l'auteur de l'« Anima Christi »?* 56 pp. . . . . 1 »

44. *Vie de Sœur Marie Bonaventura.* N. LANCICIUS, S. J. 58 pp. 1 »

45-46-47. *Des méthodes d'oraison dans notre vie apostolique.* H. WATRIGANT. 151 pp. 2.50

48. *Bibliographie 1912-1913.* H. WATRIGANT. 50 pp. . . . . 1 »

9 782019 323608